Guido Erbrich

Das neue Jugendgebetbuch

benno

Bibliografische Information der Deutschen Nationalbibliothek
Die Deutsche Nationalbibliothek verzeichnet diese Publikation
in der Deutschen Nationalbibliografie; detaillierte bibliografische Daten
sind im Internet über http://dnb.d-nb.de abrufbar.

Besuchen Sie uns im Internet:
www.st-benno.de

Gern informieren wir Sie unverbindlich und aktuell auch in unserem Newsletter
zum Verlagsprogramm, zu Neuerscheinungen und Aktionen. Einfach anmelden
unter www.st-benno.de

ISBN 978-3-7462-5232-2

© St. Benno Verlag GmbH, Leipzig
Umschlaggestaltung: Vogelsang Design, Aachen
Gesamtherstellung: Kontext, Lemsel (A)

Inhaltsverzeichnis

1 Los geht's! **8**
Morgen und Abend 10
Kompass: Psalmen und Gebete – Wie mit Gott reden? 22
Durch Tag und Jahr 24

2 Unterwegs **36**
Stille und Schweigen 38
Kompass: Bibel und Geschichten – Wie von Gott reden? 48
Schöpfung und Welt 50

3 Wenn gar nichts mehr geht **66**
Irrwege und Sackgassen 68
Kompass: Segen und Segnen – Kraft schöpfen, Kraft schenken 80
Leben und Ewigkeit 82

4 Gemeinsam geht's weiter **92**
Nächste und Freunde 94
Kompass: Entdecker und Zeugen – Heilige als frühere Schatzsucher . . . 102
Ich und Gott 104

Die Suche beginnt

Die Suche nach Gott ist ein Abenteuer, für das du eine Menge wichtiger Dinge brauchst: Schatzkarte, Wanderschuhe, Kompass und verlässliche Freunde. Ist dir klar, dass dieses Abenteuer längst begonnen hat? Mit dem ersten Fragen, warum du lebst, wieso es Geburt und Tod gibt und was es mit dem ganzen Weltall auf sich hat, bist du auf der Suche nach Gott. Natürlich kann dir niemand vorschreiben, wo du ihn finden kannst, ja nicht einmal, ob du an ihn glauben möchtest oder nicht.

Die Suche nach Gott gleicht einer Schatzsuche. Und dieses Bild findest du schon in der Bibel:

„Sammelt euch nicht Schätze hier auf der Erde, wo Motte und Wurm sie zerstören und wo Diebe einbrechen und sie stehlen, sondern sammelt euch Schätze im Himmel, wo weder Motte noch Wurm sie zerstören und keine Diebe einbrechen und sie stehlen. Denn wo dein Schatz ist, da ist auch dein Herz." (Mt 6,19–21) Wer glaubt, um Christus nachzufolgen, reicht ein Platz im Sessel und der sonntägliche Besuch eines Gottesdienstes, täuscht sich. Die Suche nach Gott ist eine anstrengende Angelegenheit – und wie bei jedem Abenteuer ist der Ausgang ungewiss.

Das Buch möchte Wegbegleiter sein. Du findest darin viele Tipps von Menschen, die sich auf dieses Abenteuer eingelassen haben, du findest Wegbeschreibungen und Erfahrungsberichte aus der Bibel. Von Frust und Trost, von Glauben und Zweifel wird die Rede sein.

In jedem Kapitel sind Geschichten, Gebete, Zitate, Psalmen und ein Segen zu entdecken. Es ist kein Buch, das du von vorn bis hinten durchlesen musst. Blättere darin herum, stöbere und such das Thema, das du brauchst.

Zum Abenteuer gehört manchmal auch das Unverständnis der anderen, die dich zurückhalten wollen oder dich müde belächeln.

Wenn du willst, nimm Freunde mit. Such dir deinen Weg und überwinde Widerstände. Du brauchst Mut und dabei möchte das Buch dir helfen. Aber losgehen musst du selbst!

Guido Erbrich

PS: Ach so, wo du ihn findest? Lass dich überraschen!

1

LOS GEHT'S!

Geh nicht nur die glatten Straßen,
geh Wege, die noch niemand ging.
Damit du Spuren hinterlässt und nicht nur Staub.

Morgen und Abend

Im Anfang erschuf Gott Himmel und Erde.
Die Erde war wüst und wirr
und Finsternis lag über der Urflut
und Gottes Geist schwebte über dem Wasser.
Gott sprach: Es werde Licht. Und es wurde Licht.
Gott sah, dass das Licht gut war.
Und Gott schied das Licht von der Finsternis.
Und Gott nannte das Licht Tag
und die Finsternis nannte er Nacht.
Es wurde Abend und es wurde Morgen:
erster Tag.

Gen 1,1–5

Das Ende der Nacht

Ein jüdischer Weiser fragt seine Schüler: „Wie kann man den Augenblick bestimmen, wo die Nacht zu Ende ist und der Tag anbricht?" Der erste Schüler fragt: „Ist es, wenn man in der Ferne einen Feigenbaum von einer Palme unterscheiden kann?" Der Rabbi antwortet: „Nein, das ist es nicht." Der zweite Schüler meint: „Wenn man ein Schaf von einer Ziege unterscheiden kann, dann wechselt die Nacht zum Tag." – „Auch das ist es nicht", ist die Antwort des Weisen. „Aber wann ist denn der Augenblick gekommen?", fragen die Schüler. Der Rabbi antwortet: „Wenn du in das Gesicht eines Menschen schaust und darin den Bruder oder die Schwester erkennst, dann ist die Nacht zu Ende, dann bricht der Tag an."

Chassidische Geschichte

Tagesgeburt

Wann wird eigentlich ein Tag geboren?
Die Geburtsstunde des Tages ist da,
wo ich Menschen wirklich begegne,
nicht nur an ihnen vorbeilebe.
Die Geburtsstunde des Tages ist da,
wo ich in die Augen eines Menschen sehen kann.
Die Geburtsstunde des Tages ist da,
wo ein Wort der Liebe aus meinem Herzen erwächst.
Die Geburtsstunde des Tages ist da,
wo ein Lächeln der Natur sagt: Wir beide leben.
Die Geburtsstunde des Tages ist da,
wo ich beginne, als Mensch zu leben.
Die Geburtsstunde des Tages ist da,
wo neues Leben entsteht.

Los geht's!

Brich einfach auf,
auch wenn es wieder Tausend gute Gründe
zum Aufschieben gibt.
Beginne den Weg Schritt für Schritt.
Sei unterwegs mit Leib und Seele
und mit ganzem Herzen.

Grenz dich nicht ein,
auch wenn du glaubst, das Ziel rückt dadurch weiter weg.
Habe Achtung vor Menschen,
für die Schöpfung, für Gott und dich.
Öffne dich, und der Weg wird dich verändern.

Triff ruhig Entscheidungen.
Es ist schwer, zu vielen Zielen zu folgen.
Wäge ab und gib manches auf.
Entscheide dich in Freiheit
und du erfährst Grenzenlosigkeit.

Verlier das Ziel nicht aus den Augen,
finde deine Pfade durch den Alltag hindurch,
schau in die Augen der Menschen,
spüre die Wunder der Schöpfung,
versuche das Geheimnis,
das du selbst bist, zu ergründen.

Teile deine Sehnsucht mit anderen.
Verfalle nicht in Routine.
Lass dich nicht entmutigen.
Gönne dir Pausen und
frag auch mal nach dem Weg,
und du wirst nicht allein bleiben.

Sammle auf dem Weg
alles, was dich stark und liebenswert macht.
Sei großzügig mit deinen Talenten und Gaben.
Mach anderen Mut zum Aufbruch.
Bringe Hoffnung in die Welt,
und du wirst ankommen.

Dein Tag!

Dir, Jesus, soll der Tag gehören.
Du wirst es vollbringen.
Du bist schon vor mir da
in allen Begegnungen,
in jedem Handgriff,
in jedem Gedanken,
in jedem Gefühl.
Führe mich zu dir
und zu den Menschen,
nimm von mir
die Widerstände
und Ängstlichkeiten,
schenke Vertrauen in dich.
Amen.

Thomas Hajek

Maßlos

Heute will ich maßlos sein, Gott,
ich will schaffen,
kreativ sein, aktiv, produktiv,
ich will wirbeln und wühlen,
ich will wissen, was ich kann,
heute leg ich es drauf an.
Nichts will ich hören von Maß und Muße,
von Selbstbeschränkung und Askese.
von Innehalten und von Besinnung.
Lass mich heute kämpfen, Gott,
für dein Reich,
für Gerechtigkeit, für Freiheit, für Leben.
Meine Leidenschaft für dich
kann ich nicht mit angezogener Handbremse leben.
Ich will nicht immer nach innen schauen.
Ich will handeln, bauen, gestalten,
jetzt – wild – mit all meiner Kraft,
jetzt, solange ich jung bin –
wie ein Tänzer auf dem Parkett,
wie eine Sprinterin auf der Rennbahn,
wie ein Rocksänger hinter dem Mikrofon.
Morgen, lieber Gott,
morgen mach ich dann langsam.
Aber nicht heute!!!
Amen! Amen! Amen!

Liegenbleiben?

Es gibt Tage, da denke ich abends:
Wäre ich doch lieber im Bett liegen geblieben. Alles ging schief!
Auch wenn ich vorhin nur schwer aus den Federn gekommen bin, hoffe ich doch auf einen Tag, der besser läuft, als der „Wärstdudochbesserliegengebliebentag".
Gott, begleite mich mit deiner Weisheit durch diesen Tag, und teile mit mir alle Mühe. Damit ich am Abend dankbar sagen kann: Es ist gut, aufgestanden zu sein, es ist gut zu leben.

Gebet mitten am Tag

Mitten in der Hektik des Tages
schließe ich meine Augen.
Wenn alles um mich herum lärmt, werde ich still.
Manchmal mache ich das so
für einen Augenblick, für ein paar Sekunden;
ich stoppe die Maschine und merke mitten am Tag:
Da ist noch was, da ist noch wer,
ich bin nicht allein.
Denn du bist mittendrin.
Vater und Bruder, Mutter und Schwester, Gott, danke.
Das will ich heute einfach mal loswerden.

Abendgebet

Die Luft ist raus, der Tag ist zu Ende,
und ich lege mich jetzt hin.
Schluss jetzt.
Ich brauche Ruhe nach all dem Stress.
Ausspannen, nach all den Kämpfen am Tag.
Jetzt wünsche ich mir Träume,
die meinen leeren Akku wieder füllen,
die mir Kraft und Ideen geben für morgen.
Wenn du mir dabei über den Weg läufst, Vater,
würd ich mich freuen.
Denn auch der Traum ist ein Ort,
wo du mir begegnest.
Segne meine Nacht mit deiner Gegenwart
und lass mich ruhig schlafen.
Amen.

Lob auf Gottes Schöpfung und Weisung

Die Himmel erzählen die Herrlichkeit Gottes
und das Firmament kündet das Werk seiner Hände.
Ein Tag sagt es dem andern, eine Nacht tut es der andern kund,
ohne Rede und ohne Worte, ungehört bleibt ihre Stimme.
Doch ihre Botschaft geht in die ganze Welt hinaus,
ihre Kunde bis zu den Enden der Erde.
Dort hat er der Sonne ein Zelt gebaut.
Am einen Ende des Himmels geht sie auf und läuft bis ans andere Ende;
nichts kann sich vor ihrer Glut verbergen.
Die Weisung des HERRN ist vollkommen, sie erquickt den Menschen.
Das Zeugnis des HERRN ist verlässlich, den Unwissenden macht es weise.
Die Befehle des HERRN sind gerade, sie erfüllen das Herz mit Freude.
Das Gebot des HERRN ist rein, es erleuchtet die Augen.
Die Furcht des HERRN ist lauter, sie besteht für immer.
Die Urteile des HERRN sind wahrhaftig, gerecht sind sie alle.
Sie sind kostbarer als Gold, als Feingold in Menge.
Sie sind süßer als Honig, als Honig aus Waben.
Auch dein Knecht lässt sich von ihnen warnen;
reichen Lohn hat, wer sie beachtet.
Versehentliche Fehler, wer nimmt sie wahr?
Sprich mich frei von verborgenen Sünden!
Verschone deinen Knecht auch vor vermessenen Menschen;
sie sollen nicht über mich herrschen!
Dann bin ich vollkommen und frei von schwerer Sünde.
Die Worte meines Munds mögen dir gefallen;
was ich im Herzen erwäge, stehe dir vor Augen,
HERR, mein Fels und mein Erlöser.

Psalm 19,1–5.7–15

Das ganze Universum spricht von Gott

Wir können es mit eigenen Augen sehen,
die Sterne, Quasare, Planeten, Galaxien,
die schwarzen Löcher und Sternensysteme,
      irgendwo dazwischen kreist unser blauer Planet um die Sonne,
      umkreist vom Mond, auf dem Astronauten springen können,
      dass es eine Freude ist.
Alles liegt offen vor uns als Empfehlungsschreiben Gottes.
Als das Konzert der Schöpfung.
      Die Tage erzählen es weiter.
      Die Nächte flüstern es durch das Dunkel.
Sie brauchen keine Sprachen
und trotzdem ist es durchs ganze Universum zu hören.
Gott hat alles geschaffen:
Die Sonne als Licht im Dunkel, die Wärme und Freude schenkt
und mein Herz froh werden lässt.
Diese Sinfonie der Schöpfung muss doch für alle zu hören sein.
Alle sollen spüren: was Gott mit uns vorhat, ist das Beste,
was uns passieren kann.
      Wenn ich Gottes Willen folge,
      kann mein Leben gelingen.
Trotzdem bin ich nicht vollkommen,
immer wieder geht etwas schief.
      Mir gelingt nicht alles und auch Fehler machen mein Leben aus.
      Schön, dass ich so, wie ich bin, von dir angenommen bin, Gott.
Du bist mein oft nachsichtiger Freund und schenkst mir die Kraft,
es immer wieder zu versuchen.
Danke, dass muss ich dir einfach ab und an mal sagen.

Nach Psalm 19

Ticktack mal Unendlich

In der Uhrenfabrik wurde eine Uhr zusammengesetzt. Zur großen Überraschung des Uhrmachers begann sie auf einmal zu sprechen: „Bitte, lassen Sie es doch bleiben. Haben Sie eine Ahnung davon, wie es ist, für die nächsten Tage, Wochen, Monate, Jahre andauernd ticken zu müssen? Hunderte, Tausende, Millionen Ticktacks – ohne Unterlass. Das hält doch keiner aus. Ich schaff das nie!"

„Ach, was", sagte der Uhrmacher, der ein weiser Mann war. „Denk nicht an die Ticktacks, die irgendwann kommen. Denk nur an das eine, das du gerade zu erledigen hast. Du wirst sehen, das wird ein Genuss für dein Uhrenleben."

Und tatsächlich, in dem Moment, als die Uhr zu ticken begann und sie nicht mehr an die zukünftigen Mühen dachte, begann ihr Uhrenleben richtig Spaß zu machen.

Segen

Ich wünsche dir Frieden,
die Stille einer ruhigen Nacht
und die Sanftheit des Morgens.

Ich wünsche dir einen Tag voll Harmonie
und das Gefühl der Dankbarkeit am Abend.

Ich wünsche dir Frieden,
den Frieden des Herrn,
er ist Friede für alle Zeit.

Irischer Segenswunsch

Kompass: Psalmen und Gebete – Wie mit Gott reden?

Beten ist mehr, als ein paar Worte aufsagen. Manchmal ist Beten schweigen, manchmal ist es wie ein Gespräch mit einem guten Freund, dem ich alles sagen kann. Gott gegenüber brauche ich mich nicht zu verstellen. Er kennt mich, versteht mich und ist ein kritischer Begleiter. Aber nicht immer fallen mir die richtigen Worte ein. Da kann ich dankbar sein, dass es geschriebene Gebete gibt. Die Psalmen zum Beispiel sind regelrechte Gebetshits. Und das schon seit fast 3000 Jahren.

In der Bibel gibt es ein ganzes Buch mit Psalmen. Genau 150 sind darin aufgeschrieben. Oft wird König David als Verfasser genannt, aber so sicher ist das nicht. „Psalm" ist hebräisch und heißt eigentlich „Lied". In diesen Liedern, die zu den schönsten Gebeten der Welt gehören, wird in einer sehr deutlichen Sprache zu Gott gesprochen. Der ganze Lebensweg wird in den Psalmen vor Gott gebracht. Von Angst und Furcht ist ebenso die Rede wie von Mut und Stärke. Von Hass und Neid wird gesungen und von Liebe und Freude. Es gibt Psalmen, die Gott loben, und es gibt Psalmen, die Gott anklagen und fragen, warum er so viel Leid auf der Welt zulässt.

Im Stundengebet, das viele Menschen rund um den Globus Tag für Tag beten, stehen viele Psalmen. So wurden und werden die Psalmen durch alle Zeiten hindurch von Milliarden von Menschen gebetet. Wahrscheinlich, weil diese Gebete sehr ehrlich mit Gott sind, indem sie von allen Erfahrungen sprechen, die ein Mensch im Leben machen kann.

Albino Luciani, der spätere Papst Johannes Paul I. sagte über das Beten: „Beten bedeutet mit dem Herrn sprechen, nicht nur über den Himmel oder über die Seele, sondern mit Jesus über alles plaudern, wie man es mit einem Freund tut. Man kann mit ihm reden über den Vater oder über die Mutter, von der Arbeit oder vom Spiel. Er ist uns nicht fern, sondern ganz nahe. Er hört uns zu und ist sehr froh, wenn wir mit ihm sprechen. Man betet nicht nur in der Kirche, sondern überall und immer. Wir können uns einen Augenblick konzentrieren, um Jesus zu grüßen, ihm zu danken oder ihn um Verzeihung zu bitten, ohne dass irgendjemand es merkt."

Nicht der Ort,
das Herz macht das Gebet.

Spruchweisheit

Im Gebet lösen
sich nicht alle Probleme,
aber im Gebet löse ich mich von
allen Problemen.

Durch Tag und Jahr

Alles hat seine Stunde. Für jedes Geschehen unter dem Himmel gibt es eine bestimmte Zeit: eine Zeit zum Gebären und eine Zeit zum Sterben, eine Zeit zum Pflanzen und eine Zeit zum Ausreißen der Pflanzen, eine Zeit zum Töten und eine Zeit zum Heilen, eine Zeit zum Niederreißen und eine Zeit zum Bauen, eine Zeit zum Weinen und eine Zeit zum Lachen, eine Zeit für die Klage und eine Zeit für den Tanz, eine Zeit zum Steinewerfen und eine Zeit zum Steinesammeln, eine Zeit zum Umarmen und eine Zeit, die Umarmung zu lösen, eine Zeit zum Suchen und eine Zeit zum Verlieren, eine Zeit zum Behalten und eine Zeit zum Wegwerfen, eine Zeit zum Zerreißen und eine Zeit zum Zusammennähen, eine Zeit zum Schweigen und eine Zeit zum Reden, eine Zeit zum Lieben und eine Zeit zum Hassen, eine Zeit für den Krieg und eine Zeit für den Frieden.

Prediger 3,1–8

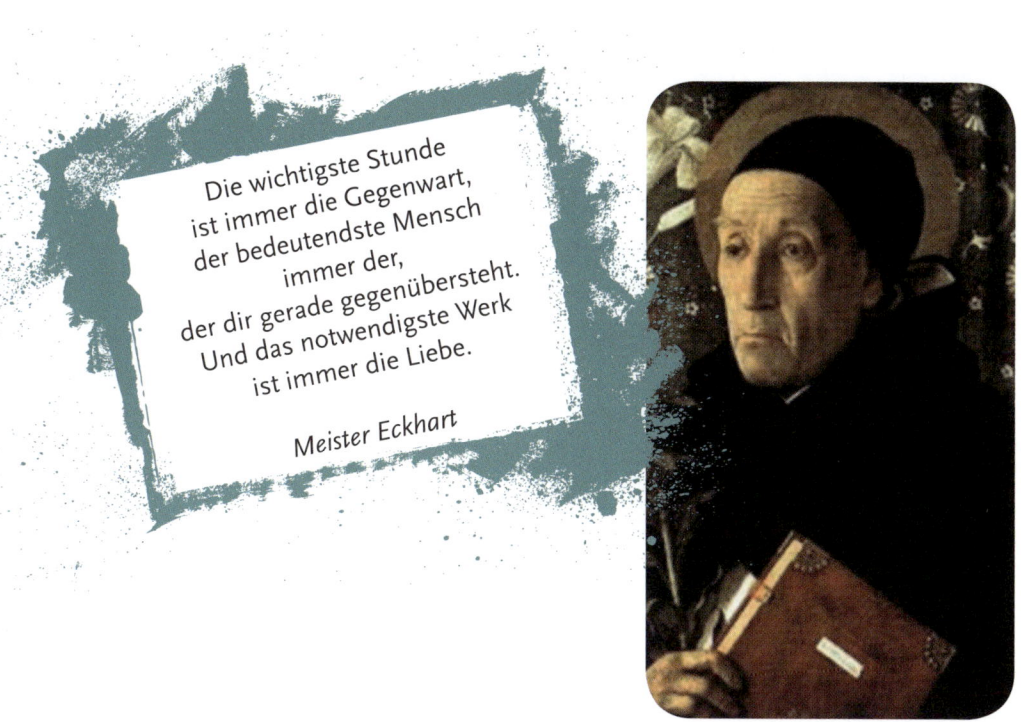

> Die wichtigste Stunde
> ist immer die Gegenwart,
> der bedeutendste Mensch
> immer der,
> der dir gerade gegenübersteht.
> Und das notwendigste Werk
> ist immer die Liebe.
>
> *Meister Eckhart*

Meister Eckhart (um 1260–1327/28): Dominikaner, Prediger, bedeutendster deutschsprachiger Mystiker. Er machte es sich und Gott nicht leicht. Er wollte nicht weniger, als dass die menschliche Seele mit Gott eins werde. Dies nannte er die Geburt Gottes im Seelengrund. Als er dann weiterdachte, dass „Gott nicht über uns steht, sondern in uns Menschen lebt", brachte ihm das eine Anklage vor der Inquisition ein. Seine Ankläger sind heute weitgehend vergessen.

Farbe ins Spiel!

Vater, du kennst unser Leben. Du weißt, wie viel Eintönigkeit und Alltagsgrau es da gibt. Wir bitten dich um die Farben des Lebens, damit unser Leben mit dir und den Menschen gelingen kann.

Schenke uns Augen für das Gelb des Lichtes, für das Gelb der strahlenden Sonne. Damit die Dunkelheiten erhellt werden, die sich um uns und in unserer Welt breit machen.

Lass uns das Orange der Wärme fühlen. Damit alles Unterkühlte, alles Kalte und Hartherzige zum Schmelzen gebracht wird.

Vater, schenke uns vom Grün des Lebens, damit all das lebendig wird, was welk und tot zu sein scheint. Gib uns vom Grün der Hoffnung gegen alles, was lähmt und mutlos macht, damit wir hoffen können, auch wenn alles dagegen spricht.

Lass uns das glühende Rot deiner Liebe erfahren, dass wir feurig leben, andere anstecken und begeistern. Damit wir Feuer und Flamme sind für dich und deine Schöpfung.

Tauche uns in das Blau des Himmels und der Erde, in das Königsblau des Glaubens und der Treue, um fest unsere Lebensentscheidungen zu leben.

Schenk auch einen Klecks vom Violett der Buße und lass uns Wege finden, die zur Umkehr und zum Neuanfang führen.

Und, Vater, gib uns auch vom Schwarz der Nacht und des Todes, damit wir uns einstimmen auf all die Abschiede, die zu unserem Leben gehören bis zum Schluss.

Auch um das Weiß des Unberührten und des Neuen bitten wir dich. Damit wir offen sind für dich und für das, was du mit uns beginnen willst.

Vom Braun der Erde bitte auch eine Handvoll, damit wir bodenständig, erdverbunden und ausdauernd sind und im Glauben an dich unsere Wurzeln Wasseradern finden.

Schenke uns ganz zum Schluss ein wenig vom leuchtenden Gold der Sterne, vom glänzenden Gold der Ewigkeit, und lass uns in allem, was kostbar ist, dich erkennen und verehren.

Vater, schenke uns Sinne für alle Farben, damit unser Leben bunt und schön wird. Zeige uns ab und zu einen farbenprächtigen Regenbogen, damit wir wissen: Du bist da. Du Meistermaler der Schöpfung, bringe Farbe in unser Leben heute und in Ewigkeit, Amen.

Gott schenkt Leben und Kreativität

Musik ist Farbe nach Noten.
Ich kann sie hören, kann sie sehen,
kann sie fühlen tief in mir.
Musik ist Farbe nach Noten.
Gott malt mein Leben mit ihr.

Wenn ich morgens erwach, hör ich ein Lied in mir.
Es begleitet mich durch den Tag.
In mir singt die Stimme meines Herzens
in allen Farben, die es geben mag.

Es gibt Tage, da ist alles grau nur und leer,
dann ist in mir alles ganz still.
Ich sehn' mich nach einem, der Farbe bringt
und mein Herz ein neues Lied lehren will.

Ob ich sing oder tanze, mein Leben ist bunt,
und Gott gibt den Takt dazu an.
Aus vielen Tönen erschafft er ein Lied.
Malt mit mir Bilder, dass ich leben kann.

Sabine Bley

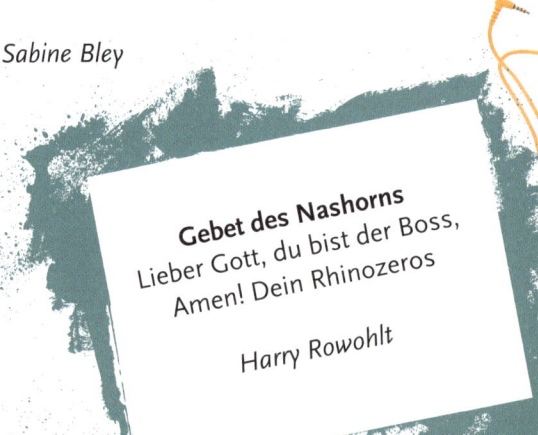

Gebet des Nashorns
Lieber Gott, du bist der Boss,
Amen! Dein Rhinozeros

Harry Rowohlt

Drei Antworten

Drei Bauarbeiter waren dabei, Steine zu behauen, als ein Fremder zu ihnen trat und den ersten Arbeiter fragte: „Was tun Sie da?"

„Sehen Sie das denn nicht?", meinte der und sah nicht einmal auf. „Ich behaue Steine!"

„Und was tun Sie?", fragte der Fremde den zweiten.

Seufzend antwortete der: „Ich muss Geld verdienen, um für meine Familie Brot zu beschaffen. Meine Familie ist groß."

Der Fremde fragte auch den dritten: „Was tun Sie da?"

Dieser blickte hinauf in die Höhe und antwortete leise und stolz: „Ich baue einen Dom."

Nimm meine Zeit in deine Hände

Herr,
die Nacht ist hereingebrochen;
schon ist es dunkel und ruhig geworden.
Aber ich bin noch nicht fertig mit dem,
was ich heute hätte tun sollen.
Manches habe ich vergessen oder
nur nachlässig verrichtet.

Ich habe scheinbar nie genug Zeit.
Allmählich begreife ich, Herr:
Es ist ja gar nicht meine Zeit,
denn sie gehört dir.
Damals, als du den Lauf
der Himmelskörper
festgesetzt hast,
da hast du die Zeit erschaffen.

Die Sonne bestimmt den Anfang des Tages;
die Dämmerung sagt uns, dass es Zeit ist,
mit der Arbeit aufzuhören.

Außerdem gibt es die Jahreszeiten:
den neugeborenen Frühling,
den goldenen Herbst.
Lehre mich, Herr,
meine Zeit zur deinen zu machen,
dass ich die Dinge tue,
die ich tun soll:
andere trösten,
auf die Not und
die sonstigen Dinge
um mich herum achten.

In diesen Dingen, Herr,
werde ich die Ruhe finden,
sodass ich mitten in all meiner
Geschäftigkeit doch noch Zeit habe,
um mich mit dir zu unterhalten.

Dir, o Gott,
übergebe ich meine Zeit,
die ja eigentlich deine Zeit ist.
Ich hoffe,
du wirst diese meine Bitte erhören.
Amen.

Aus Taiwan

Das rechte Leben

Einen Weisen fragten einmal seine Schüler „Du stehst nun schon so lange vor diesem Fluss und schaust ins Wasser. Was siehst du denn da?"

Der Weise gab lange keine Antwort. Er wandte den Blick nicht ab von dem unablässig strömenden Wasser. Endlich sprach er: „Das Wasser lehrt uns, wie wir leben sollen. Wohin es fließt, bringt es Leben und teilt sich aus an alle, die seiner bedürfen. Es ist gütig und freigiebig. Die Unebenheiten des Geländes versteht es auszugleichen. Es ist mutig und stürzt über Felsen. Es ist verträglich. Aber seine sanfte Kraft ist Tag und Nacht am Werk, das Hindernis zu beseitigen. Es ist ausdauernd. Wie viele Windungen es auch auf sich nehmen muss, niemals verliert es die Richtung zu seinem Ziel, dem Meer, aus dem Auge. Es ist zielbewusst. Und so oft es auch verunreinigt wird, bemüht es sich doch unablässig, sich wieder zu erneuern. Das alles", sagte der Weise, „ist es, warum ich auf das Wasser schaue. Es lehrt mich das rechte Leben."

Märchen aus Eritrea

Absolut kein Zufall

Herr, ich danke dir,
dass du meinen Lebensweg lenkst
und nicht der Zufall,
nicht die Sterne,
die manche Leute befragen.
Nicht die fremde Macht,
die man Schicksal nennt,
bestimmt mein Leben.
Du bist es, der mich führt.

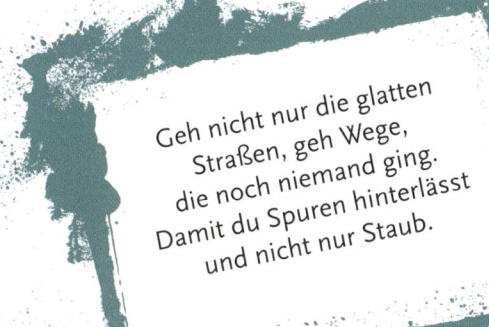

Geh nicht nur die glatten Straßen, geh Wege, die noch niemand ging. Damit du Spuren hinterlässt und nicht nur Staub.

Wie herrlich ist es, dass niemand auch nur eine einzige Minute zu warten braucht, um damit zu beginnen, die Welt zu verändern.

Anne Frank

Am Tag und zur Nacht

Gott ist unsere Zuversicht und Stärke,
er hilft uns, wenn wir nicht mehr weiterwissen.
        Wir brauchen keine Angst zu haben,
        selbst wenn die Welt unterginge
        und kein Stein auf dem anderen bliebe.
Denn dort, wo Gott wohnt,
bleibt auch die Freude.
        Dort, wo Gott wohnt,
        wohnt auch das Leben.
Gott ist bei uns,
egal wie früh oder spät es ist.
        Wer es begreifen kann, begreife es.
        Wer es nicht glaubt, kann es auch nicht ändern.
Auch wenn es manchmal schwerfällt zu glauben,
die Hoffnung auf Gott macht unser Leben stark.
        Vor Gottes Augen vergeht alles,
        was meint, ohne ihn auszukommen.
Werden wir still, um ihn zu entdecken.
Werden wir still, um seine Größe zu ahnen.
        Am Ende wird er mit seinem Frieden siegen.
        Seinem Frieden, der alles andere überdauern wird.

Nach Psalm 46

Segen

Der Herr segne dich, wenn du gehen musst.
Er beschütze dich auf den schmalen Straßen,
wenn du unterwegs bist.

Er gebe dir einen Platz zu ruhen in seiner Burg
und deinem Herzen Offenheit
für die Begegnungen auf deiner Reise.

Deine Ankunft soll von Freude begleitet sein.

Irischer Segenswunsch

2

UNTERWEGS

Wir sollen durch die Welt ziehen
und die Menschen mehr durch unser Beispiel
als durch unsere Worte ermahnen.

Franz von Assisi

Stille und Schweigen

Da zog der Herr vorüber: Ein starker, heftiger Sturm, der die Berge zerriss und die Felsen zerbrach, ging dem Herrn voraus. Doch der Herr war nicht im Sturm. Nach dem Sturm kam ein Erdbeben. Doch der Herr war nicht im Erdbeben. Nach dem Beben kam ein Feuer. Doch der Herr war nicht im Feuer. Nach dem Feuer kam ein sanftes, leises Säuseln. Als Elija es hörte, hüllte er sein Gesicht in den Mantel, trat hinaus und stellte sich an den Eingang der Höhle.

1 Kön 19,11–13

Man braucht zwei Jahre, um sprechen zu lernen, fünfzig, um schweigen zu lernen.

Ernest Hemingway

Hören

Als mein Gebet immer andächtiger und innerlicher wurde, da hatte ich immer weniger und weniger zu sagen. Zuletzt wurde ich ganz still.

Ich wurde, was womöglich noch ein größerer Gegensatz zum Reden ist, ich wurde ein Hörer.

Ich meinte erst, Beten sei Reden.
Ich lernte aber, dass Beten nicht bloß Schweigen ist, sondern Hören.

So ist es: Beten heißt nicht sich selbst reden hören, beten heißt still werden und still sein und warten, bis der Betende Gott hört.

Søren Kierkegaard

Anhalten

Ein Weißer nimmt einen Farbigen in seinem Jeep mit, um mit ihm in ein weit entfernt liegendes Dorf zu fahren. Der Weiße fährt rasant wie der Teufel durch die trockene Savanne, bis der Farbige bittet anzuhalten, damit er aussteigen könne. Der Farbige setzt sich am Straßenrand nieder. Nichts geschieht, bis der Weiße ihn wieder zum Einsteigen auffordert. „Worauf wartest du noch?", fragt der Weiße. „Dass meine Seele nachkommen kann", antwortet der Farbige.

Aus Afrika

PST!

Herr, schenke meinem Herz die Ruhe,
deine Stimme zu hören.
Schenke meiner Seele die Flügel,
um sich zu dir aufzuschwingen.
Schenke meinem Geist die Klarheit,
dich mit allen Sinnen erfahren zu können.

Ruhe jetzt

Man redet häufig nur,
weil man nicht zu schweigen
versteht.

Ambrosius von Mailand

All mein Schimpfen und Geheule –
Ruhe jetzt!
All mein Frust und Aufgerege –
Turn off!
Mein Besserwissen und Schlaumeiern –
Ihr habt Pause!
Meine Bosheiten und Rachegelüste –
Zieht Leine!
Dafür kommt her –
Ihr zarten Worte der Liebe,
der Vergebung,
des Verständnisses,
durchweht meinen Tag,
schafft kraftvolle Ruhe in mir.

Stille als Bedrohung?

„Unmöglich", sagte ein Redakteur unlängst, als ich ihm vorschlug, Soloaufnahmen des Trompeters Leo Smith in einer meiner Sendungen vorzustellen. Wir stoppten die Tracks. Mittendrin gab es bis zu dreizehn Sekunden Stille. „Sind Sie wahnsinnig?", fauchte der Redakteur, „dreizehn Sekunden Pause, da segelt uns doch der Sender ab." Pause oder Stille, das ist hier die Frage. Früher gab es für Pausen das Pausen- zeichen. Heute wird alles dicht aneinandergefahren. Stille als Ausnahmezustand in einer mit Musik akustisch zutapezierten Umwelt. In der Stimme des Redakteurs begann sich Angst zu spiegeln: Bei dreizehn Sekunden Stille könnte sich ein Alarm- gerät einschalten. Hörer X könnte die Kaffeetasse aus der Hand fallen; Hörerin Y hätte Anlass, an der Existenz des Senders, ja letztlich an der öffentlich-rechtlichen Ordnung zu zweifeln. Stille als Bedrohung, als unerhörte Provokation. „Wohin", fragte ich den Redakteur, „soll etwas nachklingen, wenn es keine Stille mehr gibt? Welche Verarmung droht uns, wenn jeder etwas besprechen, aber keiner mehr etwas beschweigen kann?"

Bert Noglik

Die großen Taten der Menschen
sind nicht die, welche lärmen.
Das Große geschieht so schlicht
wie das Rieseln des Wassers,
das Fließen der Luft,
das Wachsen des Getreides.

Adalbert Stifter

Wer nicht zuerst
auf Gott hören will,
hat der Welt nichts zu sagen.

Hans Urs von Balthasar

Wir sind Engel
mit nur einem Flügel.
Um fliegen zu können,
müssen wir einander umarmen.

Luciano De Crescenzo

Fürchte nicht,
dass dein Leben enden wird,
sondern fürchte lieber,
dass es nie beginnen wird.

Gebet ist das Atemholen
der Seele.

Glaube kann
die Form annehmen,
einen tragfähig zu machen
für die Zweifel.

Herr, ich brauche dich jeden Tag.
Gib mir die Klarheit des Gewissens,
die dich fühlen und begreifen kann.
Meine Ohren sind taub,
ich kann deine Stimme
nicht vernehmen.
Meine Augen sind trüb,
ich kann deine Zeichen
nicht sehen.
Du allein kannst
meine Ohren schärfen
und meinen Blick klären,
mein Herz reinigen
und erneuern.
Lehre mich,
zu deinen Füßen zu sitzen
und auf dein Wort zu hören.

John Henry Newman

John Henry Newman (1801–1890): Universitätslehrer, anglikanischer Priester, katholischer Kardinal. Das Gewissen war für ihn der zentrale Ort der Gotteserfahrung. Diese Gotteserfahrung fordert klare Entscheidungen. Dazu gehören: eine Zeit des Prüfens und Nachdenkens, keine Angst vor Einsamkeit sowie die Kraft, klare Konsequenzen zu ziehen. Das Gewissen ist weder an den Zeitgeist noch an Autoritäten delegierbar. Es bildet sich im Nachdenken und findet logische Begründungen. Es taugt nicht als Ausrede, wenn sonst die Argumente fehlen.

Gott in der Stille finden und loben

Vater, es gibt Augenblicke, da ist es im Gottesdienst still, ganz still.
In diesen Momenten der Ruhe ist unheimlich viel los.
      Auf einmal merke ich: Du hörst mir ja wirklich zu.
      Du bist wirklich da.
Vielleicht beten deswegen so viele Menschen auf der ganzen Welt.
Sie kommen zu dir und bringen ihr ganzes Leben mit.
      Sie bringen alles, was sie freut und was sie quält, zu dir.
      Und viele werden mit ihrer Schuld und Ohnmacht nicht fertig.
Wenn dann Ruhe herrscht vor deinem Altar
und ich tief in mich hineinlausche,
spüre ich, wie groß deine Liebe zu deiner Schöpfung ist.
      In dieser Stille liegt eine heimliche Kraft verborgen,
      die sich weiterverschenkt und den leeren Akku wieder füllt.
Ich glaube, dass du all das hörst, was wir dir sagen,
und dass du uns deswegen immer wieder
eine kleine Spur von dir zeigst.
      Wegen dieser kleinen Spuren glauben dir Menschen
      in allen Ländern der Erde
      und feiern von Ost nach West, von Süd nach Nord.
Du bist es, der unser Weltall in seinen Händen hält,
die Naturgesetze sind deine Idee. Sie sind Wunder genug.
      So lässt du es blühen, wachsen und reifen.
      Alles Leben dieser Erde verdankt sich dir.
Du hast die Erde so geschaffen,
dass sie alles Lebensnotwendige schenken kann.
Wir sollten singen und tanzen vor lauter Glück und Dankbarkeit.

Nach Psalm 65

Segen

GOTT,
sei über uns und segne uns,
sei unter uns und trage uns,
sei neben uns und stärke uns,
sei vor uns und führe uns.

Sei du die Freude, die uns belebt,
die Ruhe, die uns erfüllt,
das Vertrauen, das uns stärkt,
die Liebe, die uns begeistert,
der Mut, der uns beflügelt.

Kompass: Bibel und Geschichten – Wie von Gott reden?

Wenn Jesus über den Himmel und über Gott gefragt wurde, antwortete er nicht mit theologischen Beschreibungen. Meistens predigte er nicht einmal. Er erzählte einfach Geschichten und Gleichnisse. Die vom barmherzigen Vater oder die vom Schatz im Acker. Darunter konnten sich die Menschen etwas vorstellen.

Die Botschaft vom Reich Gottes war handgreiflich, sie war für jeden zu verstehen und erstickte nicht in frommen Floskeln. Das machte sie auch so gefährlich. Ein Gott, der für jedermann zu verstehen ist, passt den Herrschenden selten ins Konzept. Ein komplizierter Gott, der nur bestimmte Annäherungen duldet, muss verwaltet werden. Ein Vater, der seinen Kindern die Hände entgegenstreckt, hat direkten Kontakt und macht die Verwalter arbeitslos. Zu ihm können die Kinder du sagen. Geschichten von Gott sind auch Gebete. Sie trauen sich zu sagen, wie Gott ist. Deshalb stehen in diesem Buch viele Geschichten von Himmel und Erde. Denn auf der Schatzsuche musst du dich darauf verlassen können, dass du ab und an Direktkontakt hast. Einen heißen Draht zu dem, der dich ruft. Ihn besser kennenzulernen, dazu laden dich Geschichten und Gleichnisse ein. Und die Antwort auf diese Einladung können Gebete sein. Gebete, die in Bildern und Gleichnissen von und mit Gott reden, der unvergleichlich ist und trotzdem wie Bruder und Schwester, Mutter und Vater zu dir ist.

Die Bibel ist ein Fenster
in dieser engen Welt,
durch das wir in die Ewigkeit
zu schauen vermögen.

Timothy Dwight

Kein einziger Mensch ist bloß ein
verlorenes Teilchen im Weltall.
Jeder einzelne Mensch ist von
Gott, unserem Vater, geliebt und
ihm mit Namen bekannt.

Leonardo da Vinci

Die Geschichte meines Lebens
wird der Welt sagen,
was sie mir sagt:
Es gibt einen liebevollen Gott,
der alles zum Besten führt.

Hans Christian Andersen

Wir sind nicht auf der Erde,
um ein Museum zu hüten,
sondern um einen Garten zu
pflegen, der von blühendem
Leben strotzt und für eine
schönere Zukunft bestimmt ist

Papst Johannes XXIII.

Schöpfung und Welt

Gott segnete sie und Gott sprach zu ihnen:
Seid fruchtbar und mehrt euch,
füllt die Erde und unterwerft sie
und waltet über die Fische des Meeres,
über die Vögel des Himmels
und über alle Tiere,
die auf der Erde kriechen!

1. Mose 1,28

Großer Gott,

gib uns ein verständnisvolles Herz,
damit wir von deiner Schöpfung nicht mehr wegnehmen, als wir geben können;
damit wir sie nicht willkürlich zerstören, nur um unserer Habgier willen;
damit wir uns nicht weigern, ihre Schönheit mit unseren Händen zu erneuern;
damit wir niemals von der Erde nehmen, was wir nicht wirklich brauchen.
Großer Gott, gib uns Herzen, die begreifen,
dass wir Verwirrung stiften, wenn wir die Musik der Erde stören;
dass wir blind für ihre Schönheit werden, wenn wir ihr Gesicht verunstalten;
dass wir ein Haus voller Gestank haben,
wenn wir gefühllos ihren Wohlgeruch verderben.
Ja, Herr, es ist wahr: Wenn wir sorgsam und zärtlich mit der Erde umgehen,
sorgt sie für uns und schützt uns und erhält uns am Leben.

Indianisches Gebet

Wie der Regenbogen

Wenn es regnet und die Sonne scheint,
steht der Regenbogen der Sonne entgegen.
Er ist das bunte Licht, das Begeisterung weckt.
Staunend stehen wir vor ihm. Können uns nicht sattsehen.
Doch das Licht des Regenbogens ist nur der Widerschein des Sonnenlichtes.
Licht von Tausenden einzelnen Regentropfen verwandelt, verzaubert,
in Farbe getaucht.

Vater, lass mich wie ein Regentropfen sein, öffne mich
für das strahlende Licht, durchfließe mich und lasse mich erstaunen,
lass mich selbst erstrahlen in meinen Farben, die ich doch dir verdanke.

Vater, lass uns Glaubende wie ein Regenbogen sein
und deine Liebe in die Welt hineinspiegeln, lass uns diese Welt verwandeln
und bezaubern und in verschiedene Farben tauchen,
wenn wir – so wie wir von dir gewollt sind – deine Liebe weiterschenken.

Die Verantwortung liegt in unserer Hand.
Wir können viel tun, um die Welt zu verändern.
Auch ein Einzelner kann viel tun,
anstoßen und bewegen.
„Das Mögliche ist unsere Verantwortung,
das Unmögliche muss der Herrgott machen."

Ruth Pfau

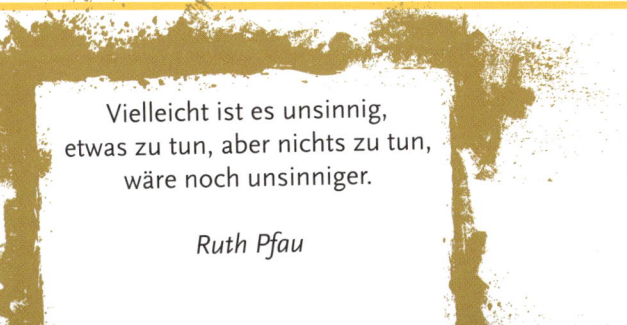

Gott hat uns nicht gesagt,
dass wir ein logisches Leben
führen sollen.

Ruth Pfau

Ruth Pfau (1929–2017): Ärztin und Ordensschwester. Eine Begegnung mit Leprakranken in Pakistan veränderte ihr Leben. Die Kranken waren ausgestoßen und medizinisch aufgegeben. Hier fand sie ihre Lebensaufgabe: die Kranken zu heilen und der Krankheit den Schrecken zu nehmen. Das von ihr begonnene Programm veränderte Pakistan. Sie ging für 10 Jahre illegal nach Afghanistan, um dort einen Gesundheitsdienst aufzubauen. In Pakistan erhielt sie die höchste Auszeichnung des islamischen Landes und den Rang einer Staatssekretärin.

Vielleicht ist es unsinnig,
etwas zu tun, aber nichts zu tun,
wäre noch unsinniger.

Ruth Pfau

Voll im Leben

Manchmal glaube ich, du hast gelacht.
Du hast mich geschaffen
und konntest dich nicht halten.
Dann denke ich, es war wohl nicht dein Tag,
als du mich gemacht hast.
An anderen Tagen hab ich das Gefühl,
ich bin von dir äußerst ernsthaft
und strukturiert zusammengesetzt.

Mein Problem, denkst du jetzt vielleicht,
aber pass mal auf, du Gott.
Ich hab es schon mitgekriegt,
dass ich so ziemlich einmalig bin
in deinem Universum.
Und das geht nicht nur mir so.
Wer nicht völlig vernagelt
durch die Welt geht,
muss doch sehen,
was du an Originalen verteilt hast.
Langweilig kann es jedenfalls nicht auf der Welt werden.
So viel verschiedenes Leben.
So viele Menschen, die alle die Möglichkeit im Herzen tragen,
die Welt zu verwandeln. Mit deiner Hilfe.

Denkst du nicht manchmal,
du hast es dir ein wenig zu schwer gemacht
mit unserer Freiheit?
Wenn wir nur tun und lassen könnten, was du willst,
wäre das nicht besser?
So liegt es an uns, dich zu hören, zu spüren, zu ahnen
oder unsere Luken dicht zu machen
und dich nicht an uns heranzulassen.

Du umgreifst unser ganzes Leben.
Du berührst uns an jedem Ort, zu jeder Zeit.
Denn das Leben, das du aller Welt schenkst, quillt über
und schafft immer neue Möglichkeiten,
dir über den Weg zu laufen.
Gerade dort, wo wir am wenigsten mit dir rechnen.

Wahrscheinlich hast du nicht gelacht –
aber vielleicht gezwinkert?

Sieben komische Fürbitten

1 Hilf uns, Träumer zu werden.
Die nicht aufwachen und aufgeben,
sondern losgehen
und dem Traum von einer gerechteren Welt folgen.

2 Hilf uns, Streiter zu werden.
Die nicht unfair werden und foulen,
sondern geradeheraus eine ehrliche Meinung
vertreten und sie auch durchzusetzen versuchen.

3 Hilf uns, Propheten zu werden.
Die keine Phrasen dreschen und dröhnen,
sondern mit allen Sinnen die Gegenwart spüren
und herausrufen, wo es brennt.

4 Hilf uns, Künstler zu werden.
Die nicht einfach irgendwelche Kleckse fabrizieren,
sondern das, was sie von dir spüren, so verwandeln,
dass anderen die Augen und Ohren aufgehen.

5 Hilf uns, Liebende zu werden.
Die nicht nur Spaß und Lust wollen,
sondern durch dick und dünn mitgehen
und das Leben mit anderen teilen.

Hilf uns, Tröster zu werden.
Die keine billigen Pflaster verteilen,
sondern Leid aushalten und mitweinen können,
ohne die Hoffnung zu verlieren.

Hilf uns, Priester zu werden.
Die nicht nur Texte vollmundig lesen,
sondern dein Wort mit Leben füllen
und deine Gegenwart feiern.

Vater unser

Vater unser
und aller Menschen Vater, Vater aller Völker, Rassen und Nationen,
Der du bist im Himmel
und bei den Geschöpfen auf dieser Erde,
der du bist im Reich der Ewigkeit und in den
Elendsvierteln rund um den Globus,
Geheiligt werde dein Name
in Kirchen und Gemeinden, in Krankenhäusern und Seniorenheimen,
bei Gericht und in den Gefängnissen, in der Geschäftswelt und in den Freizeitzentren, im Glück und im Leid, bei Erfolg und in Niederlagen.
Dein Reich komme
als Befreiung aus Ungerechtigkeit und Schuld, als Herrschaft des Guten über das Böse, als
Reich des Friedens und der Gerechtigkeit.
Dein Wille geschehe
in dem, was wir tun und unterlassen, in unseren Begegnungen mit Menschen, in unseren Wünschen und Zukunftsplänen, in Staat und Kirche, in Familien und Gruppen, unter Nachbarn und Hausbewohnern, dein Wille geschehe
wie Himmel so auf Erden.
Unser tägliches Brot gib uns heute.
Brot für den Leib und die Seele, das Brot der Wertschätzung und Liebe, Brot, das wir dankbar brechen und miteinander teilen, Brot der Fülle und des Segens.
Und vergib uns unsere Schuld,
Schuld, die uns belastet und niederdrückt, die wir nicht mehr ungeschehen machen können, Schuld, weil wir anderen Unrecht taten, Leid, Verbitterung und Enttäuschung säten,
Wie wir vergeben unsern Schuldigern,
wenn wir die Bereitschaft zur Versöhnung nicht absterben lassen, von anderen nicht einfordern, was sie nicht erbringen können, Spannungen abbauen und Wunden heilen lassen.
Und führe uns nicht in Versuchung
durch Parolen, Stimmungsmache, Sensationsberichte, durch Massenmedien

und Reizangebote, durch verlockende, aber unredliche Gewinne, durch überzogenen Ehrgeiz oder ungehemmte Triebe,

Sondern erlöse uns von dem Bösen,

dem Bösen in all seinen Formen, von dem Bösen in uns selbst und dem Bösen um uns her, von dem Bösen, das wir uns oft selbst antun, und dem Bösen, das uns schicksalhaft überfällt, von dem Bösen, das uns in die Verzweiflung treibt, und dem Bösen, das teuflisch ist.

Denn dein ist das Reich,

das Reich der Liebe und des Friedens, das du uns Menschen schenken willst,

Und die Kraft,

eine Kraft zu vielfältigem Guten, zu dem du uns stärken möchtest,

Und die Herrlichkeit,

die den Tod überwindet und Leben schenkt für immer.

Amen.

Morgengebet um Beistand

Höre, HERR, meine Worte, achte auf mein Seufzen!
Vernimm mein lautes Schreien,
mein König und mein Gott, denn zu dir flehe ich.
HERR, am Morgen hörst du mein Rufen,
am Morgen rüst ich das Opfer zu,
nach dir halte ich Ausschau.
Denn du bist kein Gott, dem das Unrecht gefällt;
ein Böser darf nicht bei dir weilen.
Nicht bestehen die Stolzen vor deinen Augen;
du hassest alle, die Unrecht tun.
Du lässt die Lügner zugrunde gehn,
Mörder und Betrüger sind dem HERRN ein Gräuel.
Ich aber darf dein Haus betreten dank deiner großen Güte,
ich werfe mich nieder in Ehrfurcht vor deinem heiligen Tempel.
HERR, leite mich in deiner Gerechtigkeit, meinen Feinden zum Trotz;
ebne deinen Weg vor mir!
Denn aus ihrem Mund kommt kein wahres Wort,
ihr Inneres ist voll Verderben.
Ihre Kehle ist ein offenes Grab,
aalglatt ist ihre Zunge.
Gott, lass sie dafür büßen; sie sollen fallen durch ihre eigenen Ränke.
Verstoße sie wegen ihrer vielen Verbrechen;
denn sie empörten sich gegen dich.
Doch alle sollen sich freuen, die auf dich vertrauen,
und sollen immerfort jubeln.
Beschütze sie und sie werden jauchzen über dich,
die deinen Namen lieben.
Denn du, HERR, segnest den Gerechten.
Wie mit einem Schild deckst du ihn mit Gnade.

Psalm 5,2–13

Herr, höre meine Worte

Vater, öffne deine Ohren und höre mir zu.
Ich möchte dir was sagen –
        was heißt sagen,
        schreien will ich, damit auch alles ankommt bei dir.
Du bist doch kein tauber Gott,
der nicht merkt, welches Spiel gespielt wird.
        Wenn einer heuchelt und giftet –
        du merkst es, selbst wenn er es als Gebet verkauft.
Die Betrüger und Lügner lässt du in ihren selbstgelegten Fallstricken baumeln.
        Mir aber zeigst du den Ort, wo du dich finden lässt.
Hilf mir dabei, so zu leben, wie du es von mir wünschst.
        Mache mich stark gegenüber allen,
        die über dich und mich lachen.
Die den lieben Gott einen guten Mann sein lassen
und deine Geschöpfe mit Füßen treten.
        Sie reden mit dem eisigen Atem der Verachtung.
        Aus ihren Augen schaut Gier, die nur eigene Interessen kennt
        und über Leichen geht.
Nimm du ihnen ihre Macht und ihre Beziehungen.
Zerstöre ihre dunklen Kanäle,
        damit sie mit all ihrem Zusammengerafften verschwinden
        und deine Schöpfung nicht mehr unter ihnen leiden muss.
Dafür schenke Freude und Zuversicht all denen,
die anderen das Leben schöner machen,
        den Weltverbesserern und Träumern,
        denen, die singen, und denen,
        die fünfe auch mal grade sein lassen.
Froh sollen sie sein, weil sie zu dir gehören.
        Segne sie und breite deine liebenden Arme über sie aus.
Sie stehen unter deinem Schutz
wie ein Kind in den Armen seiner Mutter.

Nach Psalm 5

Lieber Gott,

oft komme ich mir vor wie ein Spielball.
Man wirft mich hin und her, je nach Laune.
Man wirft mich fort,
man nimmt mich wieder auf,
man lässt mich irgendwo in der Ecke liegen,
man beachtet mich nicht,
man stolpert über mich hinweg,
man gibt mir einen Tritt,
man greift nach mir, hält mich fest,
überlässt mich fremden Händen.
Herr, mein Gott,
warum werden wir Menschen
wie Spielbälle behandelt?
Muss das so sein?
Wäre es nicht denkbar,
dass Menschen einander liebevoller begegneten,
einander zärtlicher behandelten?
Lieber Gott, denk daran,
wie schwer es ist für Menschen,
wie Spielbälle herumgeworfen,
wie Abfall weggeworfen zu werden.
Nimm dich der Menschen an!
Herr, mein Gott, lehre uns,
dass wir uns einander nicht länger
wie Spielbälle behandeln,
sondern Achtung haben voreinander ...

Schulmädchen aus dem Libanon

Die Botschaft

Es war einmal eine fromme, gläubige Frau. Sie liebte Gott, und jeden Morgen machte sie sich auf den Weg in die Kirche. Auf ihrem Weg riefen Kinder ihr zu, sprachen Bettler sie an, wollten Fremde den Weg wissen. Doch sie war tief in sich versunken und merkte nichts von alledem.

Eines Tages ging sie wieder die Straße hinunter zum Gottesdienst. An der Kirche angelangt, wollte sie eintreten, doch die Tür ließ sich nicht öffnen. Sie drückte und presste, sie versuchte es heftig und fand sogar eine Nadel, mit der sie versuchte, das Schloss aufzubrechen. Der Gedanke, dass sie den Gottesdienst vor der Tür verpassen würde, machte ihr Angst. Verzweifelt blickte sie auf und da sah sie genau über dem Schloss einen Zettel hängen. Darauf stand in großen Lettern: „Ich bin hier draußen!"

Warum lügen die Mächtigen?

Seht in unsere Welt:
Vollmundig wird von Menschenrechten geredet
und geschwiegen, wenn sie mit Füssen getreten werden.
  Wo gilt Gottes Recht?
  Wo gilt das Recht für Menschen, Tiere und die Schöpfung?
Mächtige richten sich nicht danach.
Politiker, Konzerne, Terroristen, Medien.
Viele behandeln die Menschen wie Dreck.
  Die Gier und Sucht nach Einfluss und Macht gehen über Leichen.
  Sie sind das Pestgeschwür unserer Zeit.
Mein Gott, warum lässt du sie gewähren?
Nimm ihnen doch ihre Macht, denn sie haben sie nicht verdient.
  Sie sind taub und blind für die Wunder deiner Schöpfung.
  Ihnen fehlt der Sinn für die ohnmächtige Kraft deiner Liebe.
Ich rufe nach Strafe, nach Rache und möchte,
dass du es ihnen heimzahlst.
Bin ich besser als sie? Ich möchte es!
  Und wenn ihr seelenloses Tun alles zerstört?
  Wenn unsere Mutlosigkeit dies geschehen lässt?
Mein Gott, brich ein in unsere Welt und lass etwas passieren.
Damit die Welt aufatmet und jubelt.
  Ja, du mein Gott regierst!

Nach Psalm 58

Segen

Herr Jesus Christus,
der du von einer südafrikanischen Mutter geboren,
aber voll Freude warst über den Glauben
einer syrischen Frau und eines römischen Soldaten;
der du die Griechen, die dich suchten, freundlich aufgenommen hast
und zuließest, dass ein Afrikaner dein Kreuz trug –
Segne uns Menschen aller Rassen und Nationalitäten,
aller Farben und Schichten, damit wir gemeinsam in dein Reich gelangen.

Aus Südafrika

3
WENN GAR NICHTS MEHR GEHT

Gott nimmt uns nicht die Lasten,
aber er stärkt uns die Schultern.

Irrwege und Sackgassen

Die Welt wäre unerträglich, wenn Gott nur ein Licht hätte.
Aber wir können uns trösten, er hat zwei Lichter.
Eines, das in der Helligkeit des Tages den Weg weist,
wenn Hoffnungen erfüllt werden und alles uns wohlgesinnt ist.
Und ein anderes, das uns durch die Dunkelheit der Nacht leitet,
wenn wir niedergeschlagen sind und Schwermut und
Hoffnungslosigkeit in uns erwachen.

Martin Luther King

Ich bin das Licht der Welt.
Wer mir nachfolgt,
wird nicht in der Finsternis
umhergehen,
sondern wird das Licht
des Lebens haben.

Joh 8,12b

Gott, zu dir rufe ich am frühen Morgen,
hilf mir beten und meine Gedanken sammeln;
ich kann es nicht allein.
In mir ist es finster, aber bei dir ist Licht,
ich bin einsam, aber du verlässt mich nicht,
ich bin kleinmütig, aber bei dir ist die Hilfe,
ich bin unruhig, aber bei dir ist Frieden,
in mir ist Bitterkeit, aber bei dir ist die Geduld,
ich verstehe deine Wege nicht,
aber du weißt den rechten Weg für mich.

Dietrich Bonhoeffer

Dietrich Bonhoeffer (1906–1945) war ein evangelischer Theologe, der aktiv gegen die Barbarei des Nationalsozialismus Widerstand leistete und kurz vor Kriegsende auf Befehl Hitlers erhängt wurde. Durch die Begegnung mit Menschen, die sich an keine Kirche gebunden fühlten und doch genug Mut und Zivilcourage aufbrachten, sich gegen die Nazis und für die Freiheit einzusetzen, kam er zur Erkenntnis, dass auch eine „weltliche Interpretation" der Botschaft Jesu möglich ist. Denn die „Wirklichkeit Gottes erweist sich auch im rechten Tun".

Irrwege?

Du täuschst dich, wenn du meinst,
dein Weg könnte ohne Windungen verlaufen.

Du täuschst dich, wenn du meinst, der Weg verliert sich,
weil so viele Dinge dich nicht sehen lassen, wohin er führt.

Wenn du meinst, der Weg sei lang genug gewesen,
du könntest dich hinsetzten, ausruhen und schlafen,
täuschst du dich.

Wenn du meinst, du seist in einer Sackgasse,
und es erwarte dich niemand am Ende des Weges,
täuschst du dich erst recht.

Du täuschst dich ebenso, wenn du meinst,
ein Gott müsse den Weg unter deinen Füßen glätten.
Du täuschst dich auch, wenn du meinst, die anderen müssten
einen weniger holprigen und mit Steinen besäten Weg gehen als du.

Geh, lass dich von dem führen, was für dich wesentlich ist!
Geh deinen Weg, und wenn du kannst, pfeife und singe.

Bleib unterwegs!

Mein Gott, ob du mich hörst?
Ich hab mich versteckt, schau her!
Ich bin verloren, gehst du mir nach?
Ich bin im Finstern, hast du ein Licht für mich?
Mir ist kalt, ist dein Mantel warm?
In meinem Herzen rührt sich nichts mehr.
Weißt du noch, wie freudig es einst schlug, von Leben voll?
Wirst du wieder der Funke sein, der aus meinen Augen leuchtet?
Ohne dich bin ich trübe, doch in der Freude – bist du.

Gebet einer Schülerin

Geh weiter!

Wenn die dunklen Schatten der Angst dich umhüllen,
dem Schritt die Kraft nehmen, deinem Auge das Licht, geh weiter.
Denn Christus geht mit dir.

Wenn die Wolken der Unsicherheit und des Nichtwissens
dich lahmen wollen, geh weiter.
Christus wird dich leiten.

Wenn das Leid, das um dich lebt und das in dir lebt,
schmerzt wie glühende Kohlen, geh weiter, auch im Schmerz.
Denn Christus leidet mit in deinem Schmerz.

Wenn Gräben dich hinabziehen in ihre bergenden Tiefen,
begrabenes Wünschen, begrabenes Hoffen, wähle den Weg und geh weiter.
Christus steht in dir auf.

Wenn die Stimmen, die Klagen, die Fragen wie eine Woge sich dir entgegenwälzen
und drohen, dich zu ersticken, nimm den Boden wahr unter dir und geh weiter.
Christus wird dich tragen.

Wenn der Nebel der Sinnlosigkeit jegliche Orientierung vereitelt, geh weiter, trotzdem.
Christus stellt deine Füße wieder auf sichere Wege.

Auch wenn das Gift der Verzweiflung sich einnisten will in deinen Gliedern, bitte geh weiter, weiter deinem unsichtbaren Ziel entgegen. Du trägst es als Ahnung in dir, als stilles Wissen, das in dir ruht, tief, sehr tief, da wo Christus in dir ruht, seit Urzeiten, der sich entfalten will in dir mit jedem Schritt, den du wagst.

Nimm es auf dich, dieses Leben. Geh hindurch und geh weiter.
Und schütze die Flamme des Hoffens in dir, des Vertrauens, des Glaubens.
Sie ist Christus, der in dir brennt.

Auch wenn es nur noch ein glimmender Docht ist, den du schon erloschen glaubst, ein Hauch nur wird es sein, der neues Leben in dir entfacht.
Vielleicht bringt der nächste Schritt dir diesen Hauch,
den Atem des Lebens, den Christus in dir atmet.

Den größten Fehler, den man im Leben machen kann, ist, immer Angst zu haben, einen Fehler zu machen.

Dietrich Bonhoeffer

Du weißt, was mir fehlt

Komm an meine Seite, mein Gott.
Das Wasser steht mir bis zum Hals,
  mir ist, als ob ich versinke
  und keinen Halt mehr finde.
Meine Stimme ist heiser, so viel habe ich geschrien.
Meine Augen suchen und finden dich schon lange nicht mehr.
  Die anderen verspotten mich
  und halten meinen Glauben für Hirngespinste.
Wenn ich von dir rede, halten sie mich für einen Spinner.
Wenn ich Dinge anders sehe, meinen sie, ich sei von gestern.
  Ich will dich nicht nerven, aber hör mir mal zu.
  Zeig mir irgendwas, dass ich wieder Sicherheit und Halt finde.
Warum kannst du nicht mal Donner und Blitz unter die Spötter werfen,
damit ihnen ihr dämliches Lachen vergeht?
  Ja, Herr, ich weiß, es ist nicht deine Art, mit den Muskeln zu spielen,
  aber manchmal würde ich es mir wünschen.
Und trotzdem will ich dich loben,
hilf mir, dass ich all die dummen Sprüche aushalte.
  Ich singe dir mein Lied, höre du die Melodie.
  Dich loben doch Himmel und Erde.
Wenn ich frustriert und fertig bin, du verstehst mich.
Wenn keiner mich versteht, du nimmst mich an.
  Deshalb will ich dir danken und dich bitten:
  Bleib an meiner Seite.

Nach Psalm 69

Segen

Halte immer dem Gegenwind stand,
auch wenn er dir ins Gesicht bläst
und du meinst, aufgeben zu müssen.

Bleibe fest und gehe ihm immer wieder entgegen –
vielleicht auf anderen Pfaden und in neuen Schuhen.

Irischer Segenswunsch

Umwege

Ich mache mich auf,
um die Mitte zu finden,
das Ziel meines Lebens.
Wenn ich es sehen kann,
ist der Weg dahin gerade und leicht.
Aber auf Umwege wird mein Schritt geführt.

Mein Gott,
wie viele Biegungen liegen noch vor mir?
Manchmal glaube ich, am Ziel zu sein.
Dann wieder stehe ich fast am Anfang.
Zögernd taste ich mich voran.

Ich erfahre:
Jede Umkehr bringt mich dir näher,
kein Schritt ist vergeblich
vor dir.

Ehe ich es verstehe,
liegt die neue Spur für mein Leben
vor mir.

Segen

Gott gebe dir
für jeden Sturm einen Regenbogen,
für jede Träne ein Lachen,
für jede Sorge eine Aussicht
und eine Hilfe in jeder Schwierigkeit.

Für jedes Problem, das das Leben schickt,
einen Freund, es zu teilen,
für jeden Seufzer ein schönes Lied
und eine Antwort auf jedes Gebet.

Irischer Segenswunsch

Kannst du mich noch hören?
Mein Gott, mein Gott, warum hast du mich verlassen?

Gott, mein Gott,
warum nur lässt du dich nicht blicken?
>Ich suche dich, ich bete doch schon,
>ich schreie und es ist zum Heulen.

Du bleibst still.
Alles bleibt still.
>Ich suche dich am Tag – keine Antwort.
>Ich suche dich in der Nacht – Reaktion gleich null.

Und dann steht in der Bibel,
du warst immer dabei und mittendrin.
>Wieso bei den anderen, wieso damals?
>Warum nicht hier bei mir, warum nicht jetzt und heute?

Bin ich dir zu klein und zu unbedeutend?
Eine Null, ein Nichts, ein Spinner?
>Manchmal glaube ich, die anderen starren mich schon so an.
>Sie gaffen und halten mich insgeheim für bescheuert,
>dass ich noch an dir festhalte.

Dabei warst du doch dabei,
als meine Mutter mich zur Welt brachte.
>So wie ich mich als Baby an sie schmiegte,
>so sicher und geborgen möchte ich mich bei dir fühlen.

Wenn ich mir etwas wünschen darf, dann das:
Nimm die Angst von mir, die mich packen will.
>Dass ich nicht glauben muss, dass alles sinnlos ist.
>Dass es mir nicht die Kehle abschnürt, wenn ich von dir sprechen will.

Wenn du mir zuhören solltest,
öffne meine Sinne und mache mir Mut.
Denn ich will doch von dir reden,
will dich gern bekennen, zu dir zu gehören,

mit all den anderen, die an dich glauben,
und denen es doch genauso schwerfällt wie mir.
Mit allen möchte ich wieder einstimmen können in den großen Jubel.
Es ist großartig, dass es dich gibt, gestern, heute und morgen.

Nach Psalm 22

Kompass: Segen und Segnen – Kraft schöpfen, Kraft schenken

Segnen kann jeder.
Wenn die Mutter ihrem Kind am Abend ein Kreuz auf die Stirn macht, segnet sie. Wenn der Pfarrer am Ende des Gottesdienstes den Segen spricht, segnet er. Oft segnen sich Menschen gegenseitig. Das kann und darf jeder und es ist eines des schönsten Symbole für die Gemeinschaft von Gott und Mensch, das wir haben. Ein Segen drückt aus: „Ich wünsche dir, dass es Gott gut mit dir meint, dass er bei dir ist, dich schützt und dir Kraft gibt." Wenn wir zu Gott beten, hoffen wir, dass er bei uns ist. Wenn wir segnen, hoffen wir, dass Gott auch bei allen ist, die wir segnen. „Ihr sollt ein Segen sein", heißt es in der Bibel. Wenn wir zum Segen werden, bedeutet das, dass auch durch unser Tun Gott in der Welt wirkt; dass wir die Kraft haben, diese Welt besser zu machen, als sie ist. Dafür können wir Gottes Segen gut gebrauchen. Und da ist es ein schönes und starkes Zeichen, wenn wir uns diesen Segen auch gegenseitig zusprechen.

Es kommt nicht darauf an,
geliebt zu werden,
sondern lieben und anderen
zum Segen zu sein.

Eva von Tiele-Winckler

Manche Menschen treten in dein
Leben ein wie ein Segen,
andere wiederum
wie eine Lektion.

Aus Griechenland

Den Lasten Gottes
soll man nicht ausweichen,
denn sie sind der Weg
zum Segen Gottes.

Alfred Delp

Leben und Ewigkeit

Da kam ein Synagogenvorsteher, fiel vor Jesus nieder und sagte: Meine Tochter ist eben gestorben; komm doch, leg ihr deine Hand auf und sie wird leben!
Als Jesus in das Haus des Synagogenvorstehers kam und die Flötenspieler und die Menge der klagenden Leute sah, sagte er: Geht hinaus! Das Mädchen ist nicht gestorben, es schläft nur. Da lachten sie ihn aus. Als man die Leute hinausgeworfen hatte, trat er ein und fasste das Mädchen an der Hand; da stand es auf.

Mt 9,18b.23–25

Man soll nicht fragen:
Was wird und kann noch kommen?
Sondern sagen:
Ich bin gespannt, was Gott jetzt
noch mit mir vorhat.

Selma Lagerlöf

Mit Möbeln reisen

Im 19. Jahrhundert bekam der polnische Rabbi Hofetz Chaim Besuch von einem Amerikaner. Völlig erstaunt war dieser, als er sah, dass der berühmte Rabbi nur in einem einfachen Zimmer wohnte. Ein paar Bücher lagen herum. Das einzige Mobiliar waren ein Tisch und eine Bank. „Rabbi, wo sind Ihre Möbel?", fragte der Amerikaner. „Wo sind denn Ihre?", erwiderte Hofetz. „Meine Möbel? Aber ich bin doch nur zu Besuch hier", sagte der Gast. „Ich bin auf der Durchreise." „Genau wie ich", erwiderte Rabbi Chaim.

Chassidische Geschichte

Ich bin nicht tot, tausche nur die Räume, ich leb in euch und gehe durch eure Träume.

Michelangelo

Gestutzte Flügel

Stell dir mal ein garstiges Gleichnis vor: Die Christen leben wie Gänse auf einem Hof. An jedem siebten Tag wird eine Parade abgehalten und der beredsamste Gänserich steht auf dem Zaun und schnattert über das Wunder der Gänse. Er erzählt die großen Taten der Vorfahren, die einst zu fliegen wagten. Er lobt die Barmherzigkeit des Schöpfers, der den Gänsen Flügel und den Instinkt zum Fliegen gab. Die Gänse sind tief gerührt und senken in Ergriffenheit die Köpfe. Sie loben die Predigt und den beredten Gänserich. Aber das ist auch alles. Eines tun sie nicht – sie fliegen nicht. Nein, sie gehen zu ihrem Mittagsmahl. Sie steigen nicht in den Himmel auf, denn das Korn ist gut und der Hof ist sicher.

Nach Søren Kierkegaard

Hörst du mir bitte einmal zu, Gott.
Ich möchte dich doch auch antworten hören.
      Wenn du schweigst, geht es mir wie allen,
      die nicht mehr mit dir reden.
Höre mir doch zu, wenn ich schreie!
Hör mir zu, wenn ich flüstere.
      Hör mir zu, wenn ich Wut habe.
      Hör mir zu, wenn ich bete.
Nein, ich möchte niemand werden,
der ja sagt und nein denkt.
      Nein, ich möchte kein falsches Leben führen
      und den Kontakt zu dir abbrechen.
So wie die, die von dir nichts mehr wissen wollen.
Und keine Augen für deine Werke haben.
      Ich will dir danken, Gott,
      und ich will glauben, dass du mich hörst.
Du stärkst mir den Rücken,
meine Seele ist sicher in deiner Hand.
      Du machst mich glücklich.
      So froh, dass ich singen und tanzen will.
Komm zu allen, die an dich glauben.
Mache uns stark und verlasse uns nicht.
      Hilf uns, Sinn und ein Ziel im Leben zu finden.
      Zeig uns die Stelle, wo wir Kraft und Mut schöpfen können.

Nach Psalm 28

Am Ziel

Zwei Mönche hörten, es gäbe einen Ort, wo Himmel und Erde sich berühren. Wer an diesen Ort gelange, finde alles Glück des Himmels und der Erde. Er brauche nur die Tür zu öffnen, die an diesem Orte stehe.

So machten sie sich auf den Weg, diesen Ort zu suchen. Sie wanderten durch Schluchten, über Berge, durchquerten Wüsten und durchschwammen Flüsse. Sie kamen durch Steppen und wanderten durch riesige Wälder. Sie wanderten wochen-, monate-, jahrelang und endlich schienen sie gefunden zu haben, was sie suchten. Sie standen vor einer niedrigen Holztür, neigten ihre Köpfe und traten erwartungsvoll ein. Als sie aufschauten, fanden sie sich in der Klosterzelle wieder, die sie vor Jahren verlassen hatten.

Gott, unser Vater,
nicht immer sehen wir das Ziel
klar vor Augen.
Wir folgen den Spuren, die wir sehen.
Die Spuren zeigen uns aber auch:
Wir sind nicht allein, du gehst mit,
auch wenn wir dich nicht sehen.
Wir treffen uns und teilen den Weg,
den Weg, den wir gemeinsam neu entdecken.
Und oft erkennen wir erst im Nachhinein,
dass du es warst, der mit uns ging,
der für uns das Brot zum Leben bereithielt.
So bitten wir dich: Führe uns Wege,
die zu dem Ziel führen, das du selber bist.
Amen.

Gott schauen

Am Ende seines Lebens wurde der alte König schwermütig. Missmutig ließ er seine Berater, Minister, Priester und alle Weisen des Landes rufen. „Ich habe alles, was ein Mensch mit Sinnen erfahren kann, in meinem langen Leben erlebt. Nur Gott habe ich nicht gesehen. Ihn will ich noch sehen. Ich bin ein alter Mann und habe nicht mehr viel Zeit. Ich gebe euch drei Tage Zeit, dass ich Gott ins Angesicht schauen kann. Schafft ihr es nicht, werde ich euch töten lassen."

Als die drei Tage vorüber waren, ließ er alle wieder vor sich rufen. Seine Berater, Minister, Priester und Weisen blieben jedoch stumm. Gerade als der zornige König ihr Todesurteil verkünden wollte, kam ein Hirte vom Feld. Er hatte vom Befehl des Königs gehört und sprach: „Erlaube mir, großer König, dass ich dir deinen Wunsch erfülle." „Es geht um deinen Kopf", antwortete der König, „wenn es dir auch nicht gelingt wie diesen da, werde ich dich töten lassen." Der Hirte nickte und führte den König vor das Schloss. Da zeigte der Hirte auf die Sonne, die alles mit ihrem Glanz beschien. „Schau hin, großer König." Der König wollte in die Sonne blicken, aber ihr Glanz blendete ihn so stark, dass er sich abwendete und seine Augen schloss. „Aber, König", sprach der Hirte, „die Sonne ist doch nur ein kleines Stückchen der Schöpfung Gottes, ein kleiner Abglanz, nur ein Fünkchen seines strahlenden Feuers. Und du willst mit deinen schwachen, tränenden Augen Gott schauen? Geh und suche ihn mit andren Augen!"

Nach Leo Tolstoi

> Vergiss nie, dass das Leben nichts ist als ein Wachsen in Liebe und ein Vorbereiten auf die Ewigkeit.
>
> *Christoph Probst am Tage seiner Hinrichtung 1943 an seine Schwester.*

Christoph Probst (1919–1943) gehörte der Studentengruppe an, die im Sommer 1942 unter dem Namen „Weiße Rose" Flugblätter gegen Hitler und das nationalsozialistische Regime verbreitete. 1943 wurde er gemeinsam mit Hans und Sophie Scholl zum Tode verurteilt. Kurz vor der Hinrichtung verabschiedete sich Christoph Probst von seinen Freunden mit den Worten: „In wenigen Minuten sehen wir uns in der Ewigkeit wieder."

Das letzte Hemd hat keine Taschen

Einen riesigen Lautsprecher möchte ich nehmen
und dann rufen:
Hört mir zu, alle Völker!
Hört her, liebe Zeitgenossen!
Hört her, ihr einfachen Leute!
Hört her, ihr Bestimmer!
Hört her, ihr Millionäre!
Hört her, ihr armen Kerle!
Hört alle her, alle, hört ihr? Alle miteinander!
Was ich jetzt sage, ist eine Nachricht von Gott.
Es kommt aus dem Herzen, und jeder kann es verstehen.
Rätsel und Geheimnis zugleich, aber voller Musik
ist meine Botschaft.
Wer sich auf Besitz und Geld verlässt,
der lebt am Leben vorbei.
Gott ist keine Bank, bei der man eine große Summe
für sein Leben hinterlegen könnte.
Das Leben ist unendlich viel mehr wert als jedes Wertpapier.
Das letzte Hemd hat keine Taschen.
Alle Menschen müssen einmal sterben,
und niemand kann etwas mitnehmen.
Der größte Reichtum nutzt nichts.
Mit dem Tod ist das alles vorbei.
Wer das nicht begreift, der ist schon vor dem Tod tot.
Wer aber an Gott glaubt,
einfach so und umsonst,
ohne Hintergedanken und Berechnung,
der hat die Hoffnung,
dass Gott uns aufnimmt nach dem Tod.
Das ist die geheimnisvolle, strahlende Botschaft,
die wie ein Licht in meinem Leben ist.

Nach Psalm 49

Segen

Für das Sterben hat man die schöne Prägung
„das Zeitliche segnen" gefunden.
Ich wünsche, dass wir auch jetzt auf dem Weg
schon das „Zeitliche segnen" können.

Albrecht Goes

4

GEMEINSAM GEHT'S WEITER

Lass nicht zu, dass du jemandem begegnest,
der nicht nach der Begegnung mit dir glücklicher ist.

Mutter Teresa

Nächste und Freunde

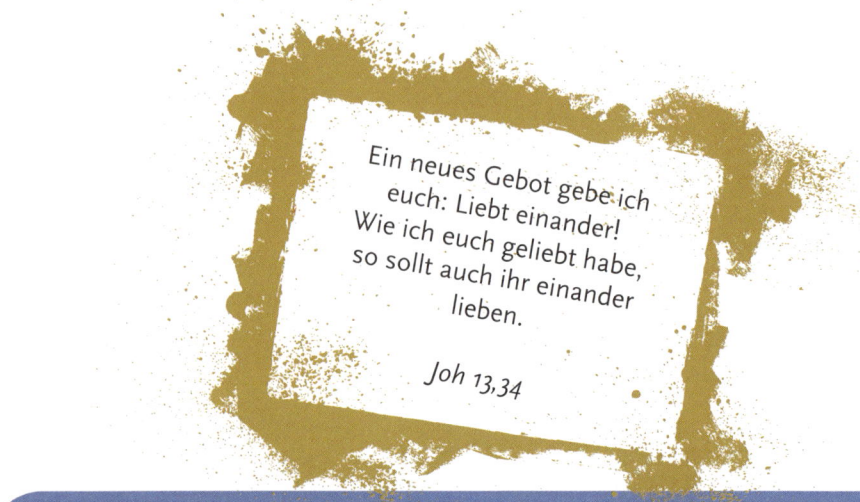

Ein neues Gebot gebe ich euch: Liebt einander! Wie ich euch geliebt habe, so sollt auch ihr einander lieben.

Joh 13,34

Zwei Brüder

Vor langer Zeit lebten auf dem Berg Morija zwei Brüder. Der jüngere hatte Frau und Kinder, der ältere war unverheiratet und lebte allein. Gemeinsam pflügten sie ihre Felder und säten. Als es zur Ernte kam, teilten sie brüderlich das Korn in zwei gleich große Hälften.

Am Abend konnte der Ältere nicht einschlafen und dachte: „Mein Bruder hat genauso viel Korn wie ich. Das ist doch nicht gerecht. Schließlich hat er Frau und Kinder und ich muss nur für mich selbst sorgen." Also stand er auf, lief zu seiner Scheune und füllte einen riesigen Sack mit Korn und trug in heimlich in die Scheune seines Bruders. Er ging zurück in sein Haus und schlief zufrieden ein. In derselben Stunde erwachte sein Bruder und sagte zu sich: „Mein Bruder hat genauso viel Korn wie ich. Das ist doch nicht gerecht. Schließlich habe ich Frau und Kinder, die sich schon um mich sorgen werden, wenn ich alt bin. Doch mein Bruder hat niemanden." Und so schlich er in seine Scheune, füllte einen riesigen Sack mit Korn und schleppte ihn in die Scheune seines Bruders.

Als es Tag wurde und die Brüder in ihre Scheunen sahen, staunten sie. Der Haufen war noch genauso groß wie vorher. Und in der nächsten Nacht passierte das Gleiche. Beide standen auf und füllten heimlich Korn in die Scheune des Bruders. In der dritten Nacht standen sie wieder auf, füllten ihre Säcke und marschierten zur Scheune des Bruders. Auf halbem Wege trafen sie sich. Da ließen sie die Säcke fallen und umarmten sich. Gott, der alles sieht, schaute vom Himmel herab und sprach: „Dieser Ort ist heilig. Hier will ich unter den Menschen wohnen."

Nach Nicolai Erdelyi

Dein Engel sein

Manchmal möchte ich dein Engel sein:
Ich möchte dich stärken,
wenn du schwach bist,
dich tragen, wenn du dich
auf unsicherem Boden bewegst,
und hinter dir stehen,
damit dir niemand in den Rücken fällt.

Ich möchte dich trösten,
behutsam und sacht,
und aufmerksam sein
auf jedes Wort deiner Klage.

Auf dem Weg der Wandlung von der Trauer
hin zum zarten Aufkeimen neuer Hoffnung
würde ich dich gerne begleiten.

Manchmal möchte ich dein Engel sein
und dir das Tor öffnen zu einer Welt,
reich an Freude und Frieden.

Jesus,
führe mich
in die Häuser,
wo Menschen
sich begegnen.
In ihren Herzen
liegen die Antworten
auf meine Fragen.

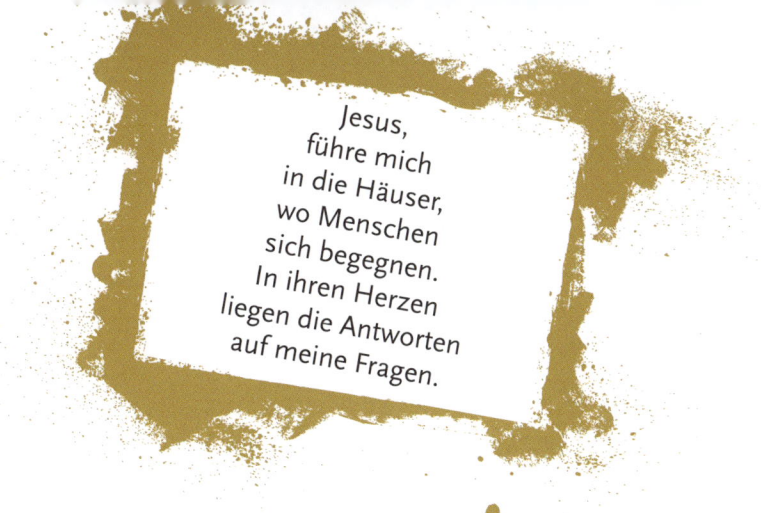

Es ist nicht unsere tiefe Angst,
dass wir unzulänglich sind.

Unsere tiefe Angst ist die,
das wir grenzenlos stark sind.

Es ist unser Licht
und nicht unsere Finsternis,
das uns Angst macht.

Wir fragen uns: „Bin ich strahlend,
hinreißend, talentiert, sagenhaft?"

Wer bist du, dass du nicht so bist?
Du bist ein Kind Gottes!

Dein Spiel, dich klein zu machen, hilft der Welt nicht.
Wir sind auf die Welt gekommen,
um die Herrlichkeit Gottes,
die in uns ist, zu manifestieren.

Sie ist nicht nur in jedem einzelnen von uns.
Sie ist in jedem!
Und indem wir unser eigenes Licht scheinen lassen,
geben wir anderen Menschen unbewusst
die Erlaubnis, dasselbe zu tun.

Nelson Mandela

Ich will bei der Wahrheit bleiben.
Ich will mich keiner Ungerechtig-
keit beugen.
Ich will frei sein von Furcht.
Ich will keine Gewalt anwenden.
Ich will in jedem zuerst das Gute
sehen.

Mahatma Gandhi

Nelson Mandela (1918–2013): Rechtsanwalt, Politiker; setzte sich gegen die Apartheid in Südafrika ein und war über 30 Jahre seines Lebens als politischer Gefangener inhaftiert. Gemeinsam mit dem weißen Politiker Frederik de Klerk beendete er die Politik der Rassentrennung und war nach freien Wahlen von 1994 bis 1999 erster schwarzer Präsident der Republik Südafrika.

Weisung zur Wahl des rechten Weges

Selig der Mann, der nicht nach dem Rat der Frevler geht,
nicht auf dem Weg der Sünder steht, nicht im Kreis der Spötter sitzt,
sondern sein Gefallen hat an der Weisung des HERR,
bei Tag und bei Nacht über seine Weisung nachsinnt.
Er ist wie ein Baum, gepflanzt an Bächen voll Wasser,
der zur rechten Zeit seine Frucht bringt
und dessen Blätter nicht welken.
Alles, was er tut, es wird ihm gelingen.
Nicht so die Frevler: Sie sind wie Spreu, die der Wind verweht.
Darum werden die Frevler im Gericht nicht bestehen
noch die Sünder in der Gemeinde der Gerechten.
Denn der HERR kennt den Weg der Gerechten,
der Weg der Frevler aber verliert sich.

Psalm 1

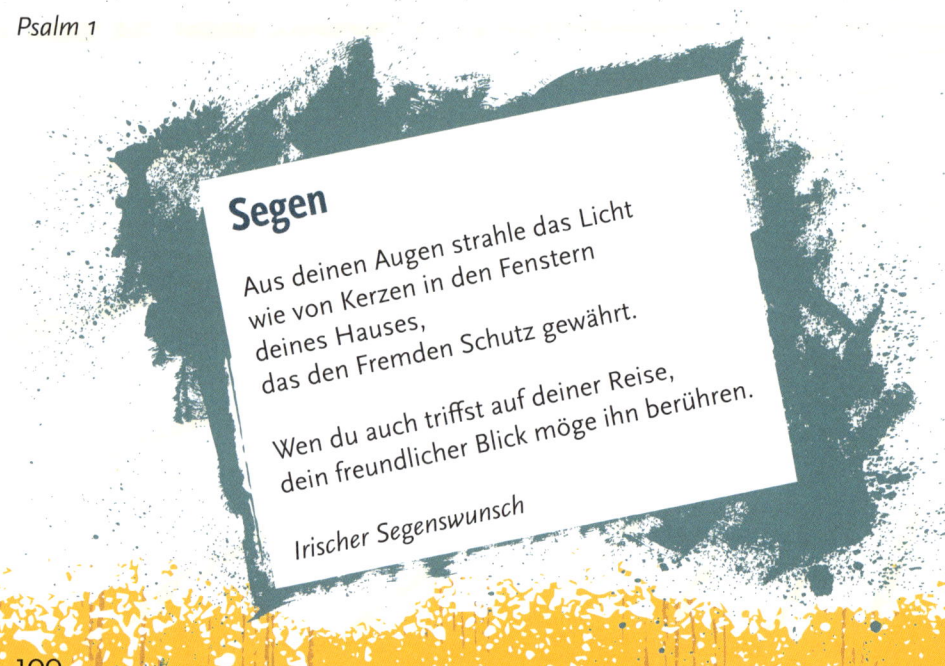

Segen

Aus deinen Augen strahle das Licht
wie von Kerzen in den Fenstern
deines Hauses,
das den Fremden Schutz gewährt.

Wen du auch triffst auf deiner Reise,
dein freundlicher Blick möge ihn berühren.

Irischer Segenswunsch

Wohl denen, die anderen Mut machen

Wohl dem, der sich nicht von denen beschwatzen lässt,
die Gott einen guten Mann sein lassen,
    die machen, was sie wollen
    und nur Gelächter für Menschen übrig haben,
    die nicht so erfolgreich und selbstgefällig sind wie sie.
Wohl der, die merkt, dass das Gesetz Gottes keine Last ist,
die das Leben sauer macht, sondern Freiheit und Glück
für die gesamte Schöpfung bedeutet.
    Sie sind stark und machen anderen Mut,
    weil sie ihre Kraft direkt von dir, Gott, bekommen.
Sie tun das, was zu machen ist,
zur richtigen Zeit, am richtigen Ort mit den richtigen Mitteln.
    Ganz anders als die aufgeblasenen selbstgerechten Egoisten,
    die immer nur Ausreden finden,
    um bloß nicht Verantwortung
    für deine Schöpfung zu übernehmen.
Sie haben mit ihrem Geprotze scheinbar Erfolg,
doch vor dir können sie sich,
wenn es darauf ankommt, nicht verstecken.
    Gott sieht in die Herzen,
    nicht auf die Kontostände.
    Er bleibt mit denen auf dem Weg,
    die Gerechtigkeit suchen,
die nur sich selbst im Sinn haben,
    werden vergessen und vergehen.

Nach Psalm 1

Kompass: Entdecker und Zeugen – Heilige als frühere Schatzsucher

Seit Jahrtausenden leben Menschen, die Gott suchen und ihn auch finden. Viele sind heute vergessen, andere Namen stehen bis heute in Büchern und sind Menschen bekannt. Manche nennen sie Heilige, gute Beispiele, Vorbilder. Ob bekannt oder unbekannt: es sind Menschen, die anderen Mut machen, ihren Weg zu gehen. Die sicher auch Fehler gemacht haben und Irrwege gegangen sind. Nobody is perfect. So unterschiedlich ihre Lebensgeschichten auch sind, eines haben sie gemeinsam: das Vertrauen darauf, dass es mehr als dieses Leben gibt, die Hoffnung, dass es Sinnvolleres gibt, als nur dem jeweils aktuellen Zeitgeist zu folgen.

Diese Hoffnung finden sie in Gott. In Gott, der größer ist als alles, was wir uns vorstellen können. Und der sich Menschen auf unterschiedliche Weise, in unterschiedlichen Kulturen, Zeiten und Religionen offenbart.

Für uns ist es gut zu wissen, dass wir nicht allein auf dem Weg sind. Dass andere schon diesen Weg gegangen sind. Oft hatten es Menschen, die heute berühmt sind, alles andere als leicht im Leben.

Manche wurden verfolgt und umgebracht, andere verspottet und verlacht, und es gab und gibt die schon zu Lebzeiten Berühmten. Für Gott macht es keinen Unterschied, was, wo und wie ein Mensch lebt. Er lässt sich finden, ob in den Slums von Kalkutta, im Präsidentenjet oder an jedem anderen Ort dieser Welt, so unwichtig oder bedeutend er anderen scheint. Für ihn sind alle wichtig.

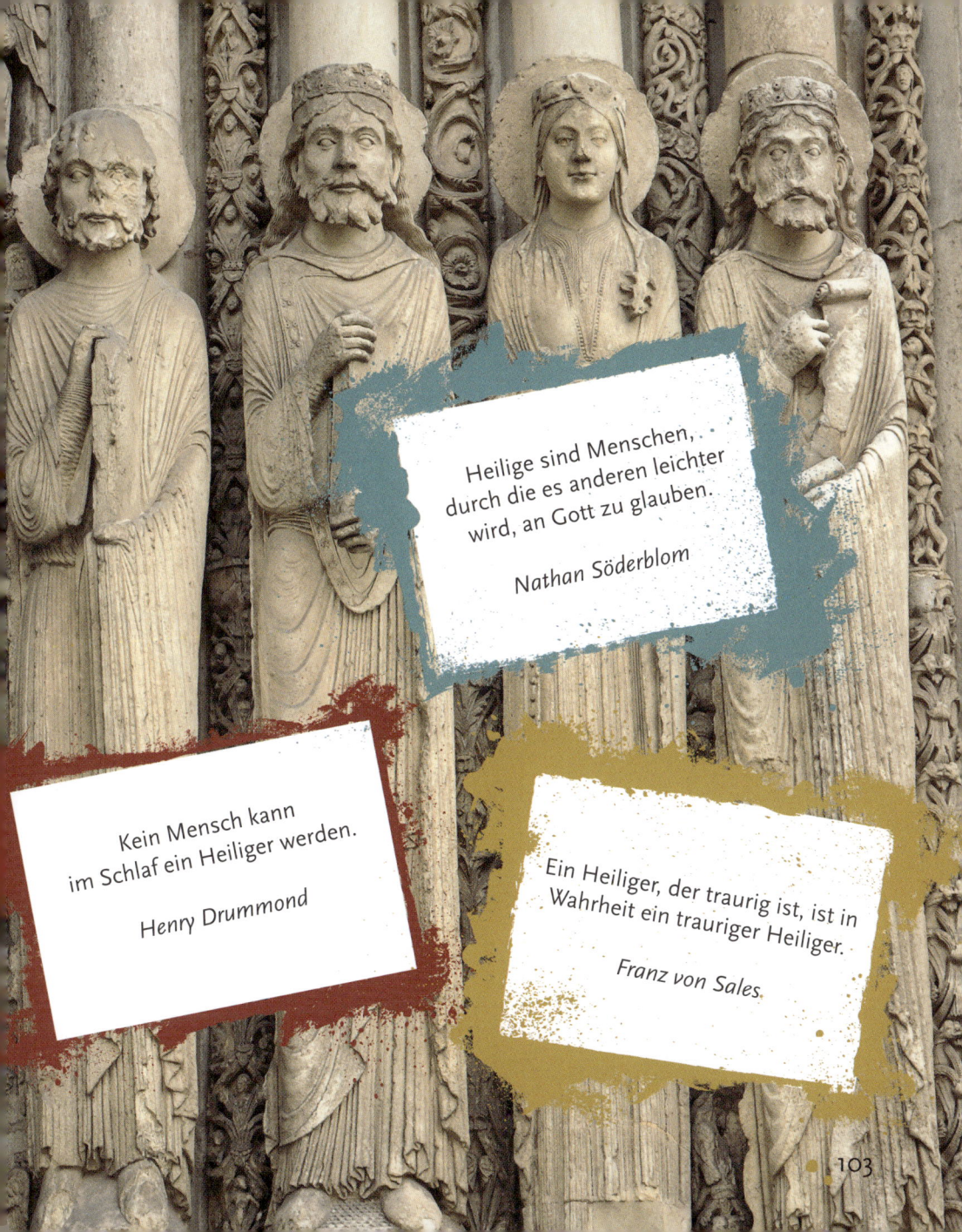

Heilige sind Menschen, durch die es anderen leichter wird, an Gott zu glauben.

Nathan Söderblom

Kein Mensch kann im Schlaf ein Heiliger werden.

Henry Drummond

Ein Heiliger, der traurig ist, ist in Wahrheit ein trauriger Heiliger.

Franz von Sales

Ich und Gott

Ich bin mit euch alle Tage bis zum Ende der Welt.
Mt 28,20b

Vorgeschichte

Eines Tages rief Gott alle seine Engel zusammen und sagte „Ich möchte mit den Menschen Versteck spielen. Sagt mir, wo ich mich am besten verbergen kann."
Die Engel berieten. Einige sagten, in der Tiefe des Ozeans, andere auf dem höchsten Berggipfel, wieder andere, auf der erdabgewandten Seite des Mondes und die ganz modernen meinten, am besten auf einem fernen Stern. Doch Gott schüttelte den Kopf. „Früher oder später werden sie mich dort mit all ihren Teleskopen, Unterseebooten und Expeditionen entdecken."
Nach einer langen Pause meldete sich der Engel Gabriel: „Ich glaube, ich habe einen Ort gefunden. Verbirg dich im menschlichen Herzen. Es ist ganz nah und ganz fern zugleich und es ist mit Sicherheit der letzte Ort, wo sie dich suchen werden." Und Gott antwortete: „Ja, genau das werde ich tun. Sie entdecken mich eher im Meer und in den Tiefen des Weltraumes als in ihrem eigenen Herzen. Aber sollte mich dort wirklich einer suchen, will ich mich auch finden lassen."

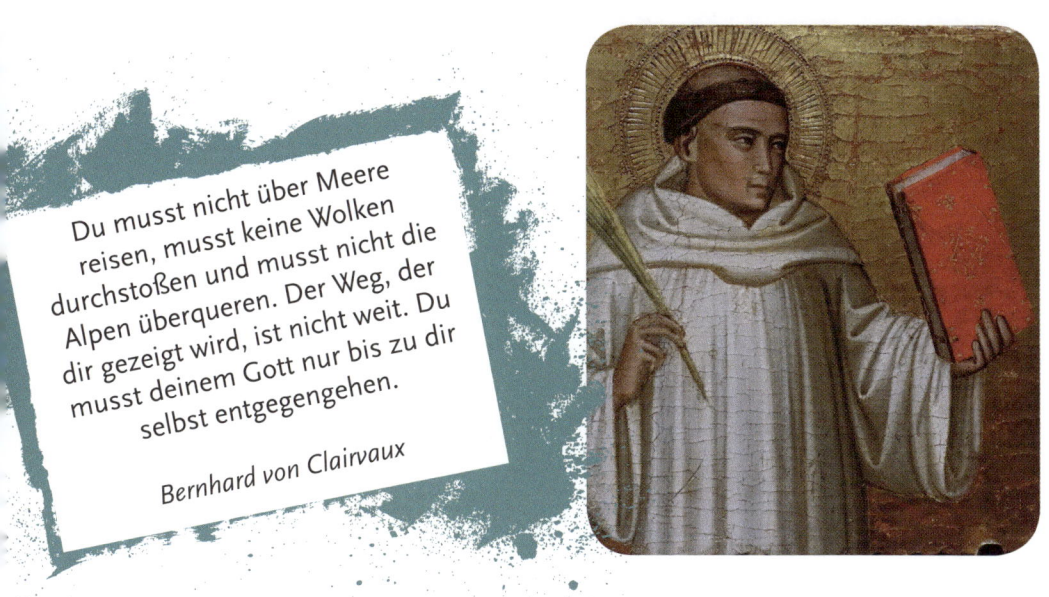

> Du musst nicht über Meere reisen, musst keine Wolken durchstoßen und musst nicht die Alpen überqueren. Der Weg, der dir gezeigt wird, ist nicht weit. Du musst deinem Gott nur bis zu dir selbst entgegengehen.
>
> *Bernhard von Clairvaux*

Bernhard von Clairvaux (1090–1153) Abt, Kirchenlehrer und Reformer des Zisterzienserordens, berühmter Prediger mit ungeheurem kirchlichen und politischen Einfluss, der zwei Seiten hatte. Zum einen übte er harte Kritik an den Päpsten seiner Zeit und geißelte mit scharfen Worten ihr weltliches Machtgehabe. Zum anderen entfachte er mit seinen Predigten in ganz Europa einen Begeisterungsrausch für die Kreuzzüge, bei denen Tausende ums Leben kamen. Was ihn auszeichnete, ist, dass er seine Fehler nicht vertuschte.

Der kleine Fisch sucht den Ozean

Ein junger Fisch schwamm in einem Korallenriff und fragte einen anderen Fisch, den er traf: „Entschuldigung, du bist älter und sicher weiser als ich. Sag mir, wo kann ich den großen Ozean finden? Ich habe vergeblich überall danach gesucht."
„Der Ozean", sagte der ältere Fisch, „ist das, worin du jetzt schwimmst."
„Das? Aber das ist ja nur Wasser. Ich suche den Ozean", sagte der jüngere Fisch sehr enttäuscht und schwamm davon, um anderswo zu suchen.

Versteckspiel

Gott, mit dir kann ich ganz offen sprechen
und sogar schweigen.
Ich darf „du" zu dir sagen.
Oft bist du im Versteckspiel ziemlich gut, Gott.
Dann will ich mich nicht ärgern, wenn ich meine,
du zeigt dich nicht.
Vielleicht suche ich ja nur an der falschen Stelle.
Ich möchte mich nicht entmutigen lassen,
wenn mir wieder mal die Worte fehlen.
Es ist wie bei der Suche nach einem verlorenen
Schlüssel.
Wo ich auch suche, ich finde ihn nicht
und trotzdem steckt er irgendwo.
Es liegt wie bei jedem guten
Versteckspiel an mir,
dich zu suchen und zu finden.
Leicht machst du es mir dabei nicht.
Es würde mich freuen,
wenn du mir ab und zu
einen Hinweis gibst.

Der Spaß und das Geheimnisvolle am Leben beruhen unter
anderem darauf, dass man nichts
Genaues weiß, auch wenn man
überall auf Hinweise stößt. Ein
Gewissensbiss ist ein Blick auf
Gott.

Peter Ustinov

Gott ist der ganz andere

Gott, du entziehst dich unserem Zugriff.
Manchmal sind wir uns zu sicher:
Aktiv, bestimmt, Jesus neben uns ...
Doch deine Größe möchte ich ahnen.

Führe mich ein in deine Weite.
Du bist keiner, der verfügbar ist.
Du verfügst über uns,
und manchmal können wir
nicht hinter dein Tun schauen.
So forderst du unser Vertrauen heraus.
Guter Gott, wie ein Vater und eine Mutter,
führe mich zur Ahnung deiner Größe und Güte.
Bewahre mich davor zu meinen,
ich wüsste genau, wer und wie du bist.
Führe mich in tieferes Vertrauen zu dir.

Lass uns miteinander ins Gespräch kommen
über dich, über unsere Erfahrungen mit dir
und mit Jesus, deinem Sohn.
Amen.

Thomas Hajek

Gott wäre etwas gar Erbärmliches, wenn er sich in einem Menschenkopf begreifen ließe.

Christian Morgenstern

Christian Morgenstern (1871–1914) hatte es schwer. Seine Mutter steckte ihn mit Tuberkulose an, Mitschüler mobbten ihn und sein Vater hatte für ihn eine Offizierslaufbahn ausgewählt. Diese brach er zum Ärger des Vaters ab, um seinen Weg in der Literatur zu finden. Zeit seines Lebens war er krank, doch er schrieb lebensbejahende, frohe Texte. Die Suche nach Gott ließ ihn dabei nicht los. Menschen, die ihren Glauben aufgeben wollen, warnte er: „Wer Gott aufgibt, der löscht die Sonne aus, um mit einer Laterne weiter zu wandern."

Wie dürfen wir mit dir sprechen?
Sollen wir die alten Formeln benutzen,
Texte, seit Jahrhunderten in Gebetsbüchern gedruckt?
Sollen wir mit Worten von Heiligen und Dichtern reden
oder die heiligen Schriften zitieren?
Vielleicht verstehst du ja Latein viel besser?
Oder dürfen wir auch mit den Worten kommen,
die sagen, was unter unsern Nägeln brennt,
die nicht immer ganz druckreif sind,
die „auskotzen" auch sagen, wenn sie es meinen,
und „cool", wenn sie es so finden?
Die mal hip sind und mal down
und niemandem was vormachen wollen?
Fromme Worte, die versuchen, ehrlich zu sein
mit dir und mit uns.

Sieb, Fahrstuhl und Schlüsselgebet

Vater,
ich rede im Gebet viel von mir
und höre dir nicht zu.
Ungeduldig warte ich auf die Erfüllung
meiner Wünsche
und habe keine Augen für all das,
was du mir an Gaben geschenkt hast.

Hast du nicht ein Sieb für meine Gebete, Vater?
Damit alle Bitten und Wünsche hängen bleiben,
die mit ein wenig Anstrengung
auch von mir selbst erfüllt werden könnten?

Lass dieses **Sieb** durchlässig sein,
wenn ich dich wirklich brauche,
wenn ich es nicht mehr aushalte.
Wenn ich anderen helfen will
und nicht weiß, wie,
dann mache es durchlässig.

Lass nicht zu, dass ich dich nur
als Wunschzettelempfänger missbrauche,
wenn ich für die Hungernden bete,
schenke mir die Bereitschaft,
mit ihnen zu teilen.
Wenn ich für Kranke bete,
lass mich Zeit finden,
mich an ihr Bett zu setzen.
Wenn ich für den Frieden bete,
nimm von mir Zorn und Hass.

Könnten meine Gebete nicht
ein **Fahrstuhl** sein,
der mich zu dir emporträgt,
der alle finsteren Gedanken,
alle Bosheit und alles Falsche
zurücklässt und mich
dort ankommen lässt,
wo ich die verändernde Kraft der Liebe
selbst sein kann?
Dann werden meine Gebete
zu einer Umarmung,
die dich umfängt und
dir ein Dankeschön entgegenschmettert,
das sich gewaschen hat.
Dann werde ich die Welt
nicht nur durch meine Brille sehen,
sondern mit neuen Augen
deine Schöpfung schauen.

Dann werde ich merken,
dass du mir so vieles geschenkt hast,
dass ich damit beginnen kann,
diese Welt ein wenig besser zu machen,
als sie ist.
Ich brauche nur den Schlüssel,
der dieses Tor öffnet.

Lass mich diesen **Schlüssel** finden,
dass ich beim Beten nicht nur dich,
sondern auch mich fordere.
Und mich in deiner Hand geborgen weiß.
Mit diesem Schlüssel
kann ich das Tor mit dir öffnen.

Und warte nicht,
von mir aus können wir anfangen!

Gebet: Fingerabdruck

Davor kann ich nicht zurück.
Das ist eindeutig.
Durch ihn bin ich einmalig.
Ich bin nicht irgendwer.
Ich bin ich.
Ich bin geprägt,
nicht nur in meinem Fingerabdruck,
auch in meinen Gesten, Bewegungen,
meinem Gesicht, meinem Charakter –
das heißt: „Eingegrabenes";
geprägt durch das, was war ...
Freude, Liebe, Glück, Freundschaft,
Schuld, Enttäuschung, Schmerz, Einsamkeit.

So, wie ich bin, kennt mich Gott:
Mit all meine Tränen und meinem Lachen,
meiner Güte und meiner Trägheit,
meiner Zuversicht und meiner Angst.

So, wie ich bin, nimmt er mich an, liebt er mich,
gibt mir täglich neu die Chance,
aus meinem Leben etwas zu machen
und neu anzufangen.
Grund genug, ja zu sagen zu dieser Prägung Mensch.
Daraus erwächst Mut,
das notwendige ja und das notwendige Nein zu sagen
und nach dem Gewissen zu handeln,
Eindrücke und Abdrücke zu hinterlassen.

Keine Mauer ist zu hoch,
wenn du Gott mitspringst!

Gott sei Dank

Meine Mutter sagt:
Du bist zu klein.

Der Lehrer meint:
Du bist schwer von Begriff.

Der Pfarrer schimpft:
Du bist verdorben.

Meine Kameraden lachen:
Du hast verloren.

Der Berufsberater weiß:
Du bist nicht geeignet.

Der Meister bestimmt:
Der andere ist besser.

Der Leutnant brüllt:
Du hast keine Haltung.

Gott sagt:
Du bist mir ähnlich.

Gott sei Dank!

Wer bin ich?

Und Jesus fragte einen Bauern: „Wer bin ich"? „Du bist das Brot des Lebens."
Er fragte einen Seemann, und der antwortete: „Du bist das rettende Ufer, wenn das
Schiff in Not ist."
Er fragte auch ein Kind: „Du bist wie eine Mutter, die niemals schimpft."
Zum Schluss fragte er einen Theologen: „Wer bin ich?" Der Theologe antwortete: „Du
bist Christus, die soteriologische Ausprägung der Offenbarung von der Heilswirklich-
keit Gottes, der Mittelpunkt der Schöpfung, ohne den alle Suche nach Sinnhaftigkeit
der Welt verblassen müsste." Und Jesus fragte staunend: „Was bin ich?"

Welche Tür?

Ich darf nicht die Türe sein,
durch die der Nächste geht,
darf ihn nicht zu mir rufen,
um ihn zu verpflichten,
meine Wege zu gehen,
meine Zugänge
zu den seinen zu machen,
von meinen Schlüsseln
abhängig zu sein.

Wenn meine Tür Christus ist,
kommt es darauf an,
einem jeden Bruder zu helfen,
dass er den Weg findet,
auf dem er
er selbst bleibt.

Dom Hélder Câmara

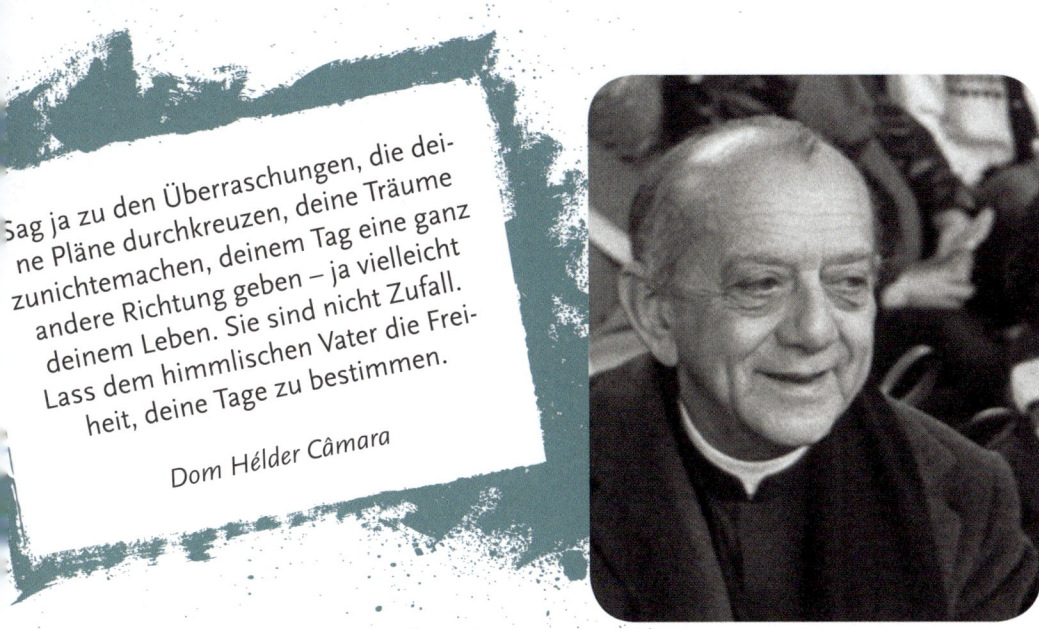

Sag ja zu den Überraschungen, die deine Pläne durchkreuzen, deine Träume zunichtemachen, deinem Tag eine ganz andere Richtung geben – ja vielleicht deinem Leben. Sie sind nicht Zufall. Lass dem himmlischen Vater die Freiheit, deine Tage zu bestimmen.

Dom Hélder Câmara

Dom Hélder Câmara (1909–1999). Als der brasilianische Bischof zum Erzbischof gewählt wurde, zog er nicht in den Bischofpalast, sondern in ein einfaches Wohngebiet. Er engagierte sich für die Menschenrechte und leistete offen Widerstand gegen die brasilianische Militärdiktatur. „Wenn ich den Armen zu essen gebe, nennen sie mich einen Heiligen. Aber wenn ich frage, warum die Menschen nichts zu essen haben, nennen sie mich einen Kommunisten." Ausdrücklich betont er die Verantwortung des Menschen für die Schöpfung Gottes. Zweimal wurde er für den Friedensnobelpreis vorgeschlagen.

Wann wird die Einsicht dämmern, dass eine Stadt in erster Linie durch den Mangel an Menschlichkeit zu einer hässlichen Stadt wird?

Dom Hélder Câmara

Segen

Der Herr sei vor dir,
um dir den rechten Weg zu zeigen.
Der Herr sei neben dir,
um dich in die Arme zu nehmen und dich zu schützen.
Der Herr sei hinter dir,
um dich zu bewahren vor der Heimtücke böser Menschen.
Der Herr sei unter dir,
um dich zu trösten, wenn du traurig bist.
Der Herr sei um dich herum,
um dich zu verteidigen, wenn andere über dich herfallen.
Der Herr sei über dir,
um dich zu segnen.
So segne dich der gütige Gott,
der Vater, der Sohn und der heilige Geist.

Irischer Segenswunsch

Wo Licht im Menschen ist,
scheint es aus ihm heraus.

Wer glaubt, ein Christ zu sein,
weil er eine Kirche besucht,
irrt sich.
Man wird ja auch kein Auto,
wenn man in eine Garage
geht.

Albert Schweitzer (1875–1965): Als junger Mann studierte er Philosophie und Theologie, schrieb ein Buch über Johann Sebastian Bach, gab dessen Orgelwerke neu heraus und lehrte als Privatdozent für Neues Testament. Als er damit fertig war, erklärte er, nun Urwaldarzt werden zu wollen, und studierte Medizin. 1913 reiste er als Medizinprofessor nach Afrika. Dort gründete er ein erstes Spital in einem alten Hühnerstall. Bald baute er ein größeres Krankenhaus. Als das auch zu klein wurde, begann er, ein Krankenhaus für mehr als 200 Patienten zu bauen: Lambaréné. Dass Gottes Werk durch menschliche Hände geht, stand für ihn außer Frage.

Von Tränen zum Jubel

Als der HERR das Geschick Zions wendete,
da waren wir wie Träumende.
Da füllte sich unser Mund mit Lachen
und unsere Zunge mit Jubel.
Da sagte man unter den Völkern:
Groß hat der HERR an ihnen gehandelt!
Ja, groß hat der HERR an uns gehandelt.
Da waren wir voll Freude.
Wende doch, HERR, unser Geschick
wie die Bäche im Südland!
Die mit Tränen säen,
werden mit Jubel ernten.
Sie gehen, ja gehen und weinen
und tragen zur Aussaat den Samen.
Sie kommen, ja kommen mit Jubel
und bringen ihre Garben.

Psalm 126

Am Ende sind wir frei

Eines Tages wird Freiheit kein leeres Wort sein,
eines Tages wird sie allen gehören.
Ein Traum wird wahr und Lachen wird selbst dort zu hören sein,
wo bisher geschwiegen wurde.
Auf Straßen und Plätzen wird gesungen und getanzt,
Menschen öffnen ihre Augen und staunen:
Es gibt dich also doch, Gott.
Und die Singenden trauen sich und rufen aus:
Gott, du hast uns überreich beschenkt,
du bist du, hier bei uns.
So wie du die Quelle zum Schluss
als Strom ins Meer fließen lässt,
so bringe uns an unser, an dein Ziel, Gott.
Nach aller Unterdrückung und Angst,
nach allem Zweifel und aller Not
gewinnt zu Schluss die Freude.
Öffne uns einen neuen Weg
zur Freiheit hin,
auf dem wir
viele kleine Schritte
mit dir gehen können.

Nach Psalm 126

Gottes Name – JAHWE – Ich bin da!

Ich bin da, wenn du allein bist.
Ich bin da, wenn du dich betroffen fühlst.
Ich bin da, wenn sie dich ausstoßen.
Ich bin da, wenn du meinst, es geht nicht mehr weiter.
Ich bin da, wenn du verzweifelt und traurig bist.
Ich bin da, wenn du Angst und Furcht hast.
Ich bin da, wenn alle dich nicht mögen.
Ich bin da, wenn zwischen dir und deinem Freund eine Mauer ist.
Ich bin da, wenn du vor Sorgen nicht schlafen kannst.
Ich bin da, wenn einer dir was zuleide tut.
Ich bin da, wenn du in großer Gefahr bist.
Ich bin da, wenn du krank bist und Hilfe brauchst.
Ich bin da, wenn du mit deinem Kummer nicht fertig wirst.
Ich bin da, wenn für dich die Welt zerbricht.
Ich bin da, wenn du ein wenig mehr Liebe brauchst.
Ich bin da, wenn du große Schmerzen hast.
Ich bin da, wenn keiner dir zuhört.
Ich bin da, wenn du dich vor Erschöpfung nicht mehr halten kannst.
Ich bin da, wenn du ein schlechtes Gewissen hast.
Ich bin da, wenn du mich rufst.
Ich bin da, wenn du heimkehrst zu mir.
Ich bin da, wie eine Flamme, die nie verlöscht.
Ich bin da, wie eine schöne Blume, die dein Herz erfreut.
Ich bin da, wie eine Wolke, die dich mit Liebe umhüllt.
Ich bin da, wie ein Auge, das mit Liebe auf dich schaut.
Ich bin da, wie eine Hand, die vorsorglich deine Hand ergreift.
Ich bin da, wie ein Herz, das immer für dich schlägt.
Ich bin da, wie ein Engel, der dich schützt und leitet.
Ich bin da, wie ein Freund, der dich niemals im Stich lässt.
Ich bin da, wie eine Schwester, die mit dir die Sorgen teilt.

Ich bin da, wie ein Bruder, der zu dir steht im Leid und in der Freude.
Ich bin da, wie eine Mutter, die mit dir fühlt, dich ganz versteht.
Ich bin da, als dein Vater, der ewige Geborgenheit gibt.
Ich bin immer für dich da, ich, dein unendlich liebender Gott

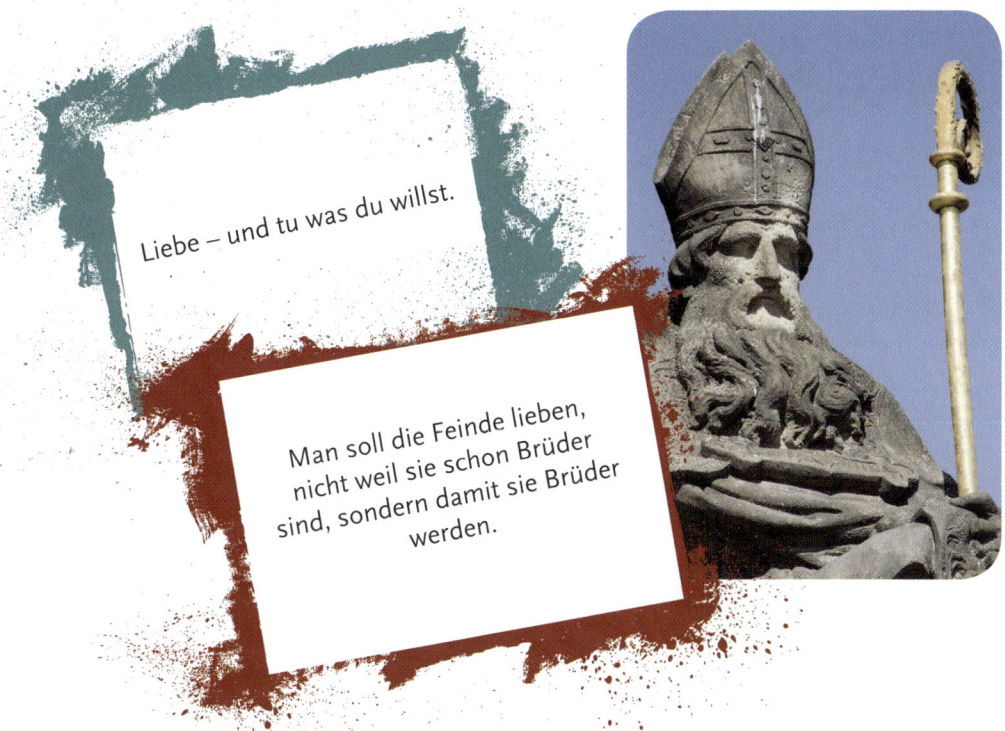

Liebe – und tu was du willst.

Man soll die Feinde lieben, nicht weil sie schon Brüder sind, sondern damit sie Brüder werden.

Augustinus (354–430) war einer der größten Theologen der Kirchengeschichte. Gehörte einer Straßenbande an, studierte, war Professor, Vater eines unehelichen Kindes, bekehrte sich zum Christentum, wurde Priester und Bischof. Eine Legende erzählt, wie Augustinus am Meer einen kleinen Jungen sieht, der mit einem Löffel Wasser in eine Sandgrube gießt. Als er ihn fragt, warum er das denn mache, antwortet das Kind: „Ich mache dasselbe wie du! Du willst die Unergründlichkeit Gottes mit deinen Gedanken ausschöpfen und ich versuche, das Meer auszuschöpfen!"

Gott in der Schöpfung und der Geschichte

Halleluja! Lobt den HERRN! Und denkt dran: Es darf Spaß machen,
Gott zu loben, der Freude in unser Leben bringt.
> Wo Krieg und Zerstörung wütet, bringst du neues Leben.
> Frustrierten und Verzweifelten machst du wieder Mut.
Du kennst die Galaxien und Sterne alle mit Namen,
nichts und niemand auf der Welt kann sich vor dir verkriechen.
> Auch wenn wir dich nicht begreifen können, weil du unvergleichbar bist,
> ahnen wir doch, dass ohne dich nichts wäre.
Singt mit und stimmt eure Gitarren,
wir wollen Gott ein Loblied schmettern,
dass der Rhythmus allen in die Glieder fährt.
> Gott ist es, der diese Welt geschaffen hat,
> dass Regen und Wind, Sonne und Tau es wachsen lassen.
Gott ist es, der mit Tag und Nacht Aktivität und Ruhe schenkt.
> Gott ist es, der uns den Frieden ans Herz legt,
> damit wir die Welt verändern können.
Gott ist es, dessen Wort um die Erde läuft.
Das Wort, das allem Streit und Hass ein Ende machen will.
> Gott ist es, der alle in seiner Hand hält,
> unabhängig von Geschlecht, Hautfarbe, Religion und Reichtum.
Gott steht zu seinem Volk,
das seine Schöpfung selber ist. Halleluja

Nach Psalm 147

Segen

Gott, sei vor uns und leite uns.
Gott, sei neben uns und begleite uns.
Gott, sei hinter uns und schütze uns.
Gott, sei unter uns und trage uns.
Gott, sei über uns und öffne uns.
Gott, sei in uns
und schenke uns ein lebendiges Herz.

Irisches Segensgebet

Bildnachweis:

Textnachweis: